속속들이 베트남
한자 속의 베트남

속속들이 베트남, 한자 속의 베트남

한자(漢字)와 함께 전국 투어

1판 1쇄 발행 2023년 5월 30일
1판 2쇄 발행 2023년 6월 19일

지은이 | 이동관
발행인 | 홍동원
발행처 | (주)글씨미디어

주소 | 서울시 마포구 월드컵로 8길 61
전화 | 02)3675-2822   팩스 | 02)3675-2832
등록 | 2003-000441(2003년 5월 13일)

ISBN 978-89-98272-56-2 (03910)

이책은 방일영문화재단의 지원을 받아 저술출판되었습니다.

속속들이 베트남
한자 속의 베트남

한자(漢字)와 함께 전국 투어

이동관 지음

차례

일러두기
이 책의 베트남어 표기는 특별한 예외를 제외하면 베트남어를 소리 나는 대로 쓰고
괄호 속에 (한자발음 한자 베트남어 표기)로 적었다.
예: '하노이'(하내 河內 Hà Nội), '호찌민' (호지명 胡志明 Hồ Chí Minh)

책쓴이의 말

1. 베트남과 대한민국

베트남은 뜨는 나라다. 아니 이미 '핫'한 나라다. 동남아시아의 선도국가다. 한때는 총부리를 맞대고 전쟁을 치른 나라였지만 국교수립 30년 만에 베트남은 우리에게 너무나 가까이 다가와 있다.

대한민국의 베트남 열풍은 가히 용광로다. 이미 주식은 물론 부동산까지 투자를 넘어 투기의 대상이 됐다. 중언부언일 수 있지만 베트남에 진출한 한국기업 숫자는 증가일로에 있다. 줄잡아 1만여 개는 족히 될 것 같다. 통계가 계속 변하고 있어 추산도 어렵다.

외교부의 재외동포 현황 자료는 베트남 내 한국인이 2021년 15만 6천 명에 달하는 것으로 보고하고 있다. 장기 체류자 숫자다. 여행객이나 출장자 등 단기체류자들을 포함하면 20만 명을 훌쩍 넘긴다. 이는 미국, 일본, 중국에 이어 4번째로 재외 국민이 베트남에 많다는 의미다.

(연합뉴스. 2022.04) 체류자가 많으니 그 자녀들도 급증하고 있다. 하노이와 호찌민에 있는 한국국제학교도 초만원이다. 들어가고 싶어도 대기가 필수다.

해외여행 초보자가 첫 방문지로 중국, 일본이 아닌 베트남을 택한다. 코로나 이전 관광 명소로 떠오른 베트남 중부의 '다낭'에는 한국 관광객이 하루 3천명 가까이 찾았다. 코로나가 지나간 지금 다시 불이 붙었다. 아예 베트남에서 겨울나기를 한다는 노인들도 주변에 적지 않다. 이유가 있다. 살기가 좋아서다. 춥지 않아서다.

베트남을 안 가 본 사람도 찾기 힘들지만 베트남을 한 번만 간 사람도 찾기 힘들다. 베트남 참전 용사들까지도 다시 찾는 매력이 있기 때문이다.

우리만 그런 게 아니다. 베트남 사람에게도 한국은 '덜 불편한' 외국이다. 베트남 새댁이 시집와서 살만한 곳으로 한국이 첫손 꼽히는 것만 봐도 그렇다. 베트남 새댁이 진출한 나라는 대한민국 외에도 많지만 우리와 관계가 제일 좋다고 한다. 두 나라 사람들의 생각과 행동이 비슷하기 때문이다. 역사적, 문화적 특성도 많이 공유하고 있어서다. 유교적 가치관과 세계 최고 수준의 교육열이 그렇고, 장자(맏아들) 우대 전통도 비슷하다. 논농사와 젓가락 문화도 빼놓을 수 없다.

2. 베트남어에 녹아든 한자가 이 책의 출발점

그런데 문제가 있다. 베트남어다. 물도 좋고 사람도 좋고 음식도 좋은데 말과 글이 너무 어렵다. 생긴 게 크게 다르지 않고 멀리 떨어진 나라도 아니니 뭔가 있을 것 같은데 그게 잘 보이지 않는다. 흔히들 중국어는 성조가 4성인데 베트남어는 6성이나 되니 중국어보다 한 배 반 어렵다는 게 과장이 아니다. 그 이상이다. 표기를 알파벳으로 한다고 가볍게 보다간 큰코 다친다.

필자가 베트남에 첫발을 내디딘 건 2007년 여름이었다. 17년차 신문기자 때였다. '호찌민' 시내에서 호기롭게 베트남 신문 한 부를 사서 펼쳤다. 알파벳이라 영어 비슷한 걸로 생각했다. 영어는 아니라도 프랑스어와 유사할 거라고 생각했다. 착각이었다. 수십 쪽이나 되는 신문을 처음부터 끝까지 뒤져봐도 아는 게 하나 없었다. 사진은 미뤄 짐작하는 정도.

읽을 수도, 이해할 수도 없었다. 좌절했다. 그게 베트남어였다.

한숨만 쉬던 필자에게 베트남어와 통하는 돌파구가 보인 건 베트남 생활이 시작된 지 6개월쯤 지나서였다. 바로 한자(漢字)였다. 베트남어와 한자를 연결해보자는 구상을 한 건 우연이었다. 심심풀이 땅콩이라고 쉬는 시간에 '한-베 사전' 뒤적거리기가 돈 안 드는 소일거리가 된 어느 날 베트남어 곳곳에 녹아들어 있는 한자의 존재를 발견한 거다. 말로만 듣던 걸 실제로 확인한 것이다. 특히 명사와 고유명사는 그야말로 한자의 보고였다. 바로 그 순간부터 베트남어가 새롭게 보였다. "심 봤다!"였다. 무릎을 쳤다.

주변 사람들에게 물어봤다. 그런 책이 있으면 어떻겠냐고. 베트남에서 10년 가까이 혹은 그 이상의 세월을 지낸 사람들은 이구동성으로 맞장구를 쳤다. 대환영이었다. 초보자들도, 하나같이 '굿'이었다. "빨리 그런 책이 나왔으면 좋겠다"는 이야기였다. 그래서 용기를 냈다. 이 책의 구 버전인 〈한자를 타고 떠나는 베트남여행〉이라는 책은 그렇게 해서 2012년 1월 세상에 나왔다.

3. 강산이 변했으니 책도 당연히 새 책이라야

그리고 또 10년 가까이 흘렀다. 한-베 수교 20주년이 30주년이 됐다. 베트남도 우리도 많이 변했다. 책도 구닥다리가 됐다. 무엇보다 베트남이라는 나라가 너무 많이 변했다. 업데이트가 필요했다. 업데이트가 아닌 완전 새 책이 필요한 상황이 됐다. 완전히 다 뜯어 고치기로 마음을 먹었다.

2012년 책을 펴낸 후 받았던 사람들의 '열화와 같은' 반응도 새 책을 만드는데 큰 용기를 주었다.

한국외국어대 베트남어과 재학생이라며 이 책(한자를 타고 떠나는 베트남여행)을 너무너무 재미있게 봤다는 편지를 보내준 여학생이 있었다. 그 학생은 "학교 교재도 이렇게 재미있으면 좋겠다. 도서관에서 빌린 책을 복사해서 영인해서 써도 되겠느냐"고 물어왔다. 물론 필자는 책을 보내주었다.

한 대기업체 직원은 이메일로 "베트남 진출을 앞두고 있어서 베트남어 공부를 하고 싶은데 시내 서점에서는 도무지 이 책을 구할 수 없다"며 필자의 전화번호를 어렵게 알아내 책 구입방법을 묻기도 했다. 최근에는 영남이공대 베트남 최고경영자과정 수료생들로부터 "이 책 한 권으로 베트남말도 배우고 복잡한 역사도 어느 정도 알 수 있었다"는 과찬을 듣기도 했다.

또 10년이 다 지난 만큼 사진과 자료가 달라져야 했다. 거리 풍경이 싹 바뀌었다. 행정구역 개편도 있었다. 각종 통계는 10년 전과 지금의 베트남이 완전히 다른 나라라는 걸 보여주고 있다. "뭐 하고 있냐"는 압력도 많이 받았다. 그래서 베트남 사람과 베트남 역사와 지리 등 다양한 가지를 품고 있는, 괜찮은 베트남 안내서를 만들어보자는 마음을 먹었다. 한자에 대한 기본지식이 있는 한국 사람이라면 더 알기 쉬운 책을 만들기로 했다.

4. 베트남어 교재는 아니지만

정식으로 베트남어를 배우지 않더라도 베트남에 관심이 있는 분이라면 이 책의 일독을 권한다. 시중에 나온 다양한 베트남 안내서보다는 더 베트남으로 들어가는 길을 잘 인도해줄 거라 믿는다. 이 책을 일독한 후(마스터할 필요는 없다. 어차피 어학교재는 아니다) 그 후에 베트남 주요 도시의 거리를 돌아보고, 지도를 찾아보고, 간판을 바라보라. 베트남이라는 나라가 달라 보일 것이다.

이 책은 베트남어 교재가 아니다. 여행안내서도 아니다. 그러나 베트남어의 이해를 한자를 빌려 돕기 위한 책이고 베트남 전역을 한 번 훑어볼 수 있는 그럴듯한 여행안내서 역할도 할 것이다. 물론 역사나 지리 그리고 경제와 사회, 문화에 대한 내용도 담고 있다.

다만 교과서와 같은 기대를 하지는 마시라. 또 어학교재로 착각해 발음이 틀렸다. 성조가 다르다는 지적도 사양한다. 오류는 있을 수 있다. 적지 않을 것이다. 그러나 다시 한번 강조하지만 이 책은 어학서가 아니다. 베트남과 베트남 사람 그리고 베트남어에 대한 이해를 돕기 위한 도우미나 가이드 역할에 만족한다.

솔직히 시중에 분야별 전문서적은 가끔 눈에 띄지만 종합선물세트처럼 그 정도 만족도를 주는 책은 찾아보기 쉽지 않다. 이 책을 통해 베트남 이해의 가속 페달을 밟은 것 같은 효과를 낼 것이라고 확신한다.

5. 참고서

아쉬운 점은 '한-베 사전'이든 '베-한 사전'이든 제대로 된 것이 아직 없다는 거다. 수교 30년이 됐는데, 소위 말하는 '월남' 시절까지 하면 60년이나 됐는데 말이다. 우리의 베트남에 대한 지식수준이 그 정도밖에 안 된다. 이것도 많이 좋아진 거라니.

어디 그뿐인가. 변변한 베트남어 표기법조차 없어서인지 사람마다 책마다 다르다. 대한민국 입장에서 교역량이 세 번째로 많은 나라, 무역수지 흑자를 제일 많이 내는 나라의 말을 주먹구구식으로 표기한다. 이게 세계 10대 강국이 우리의 현실이다.

베트남, 베트남이라고 떠들기만 했지 우리들의 베트남 접근 방식이나 수준이 딱 수박 겉핥기식이다. 누가 제대로 된 사전 한 권이라도 만들었으면 좋겠다.

그래선지 이 책을 만드는 데 가장 큰 도움을 받은 것은 인터넷 백과사전인 '위키백과'다. 글과 사진의 상당 부분을 위키백과의 도움을 받았다. 이 책이 세상에 나오기까지 단연 1등 공신이었다. 위키백과가 없었다면 이 책은 세상 구경을 온전하게 하지 못했을 것이다.

사전 형식의 표제어는 주로 〈한국어 베트남어 사전〉(레휘콰 편저)를 따랐다. 이 사전이 그래도 제일 보편적이었다. 특히 우리말과 중국어 그리고 베트남어의 발음을 한 눈에 비교 확인할 수 있도록 해준 '화-월 사전', '월-화 사전'은 좋은 길라잡이가 됐다. 한-중-월 세 나라 말의 발음 차이를 확인하는 것도 꽤나 흥미로운 연구대상이라는 생각도 가질 수 있었다. 여기에 더해 세계적 여행안내서인 〈론리플래닛〉의 중국어판(중국지도출판사)은 필자의 짧은 한자 실력을 보완해주었다.

유인선 서울대 동양사학과 명예교수가 쓴 〈새로 쓴 베트남의 역사〉는 베트남 역사 주 텍스트였다. 근현대사 부분은 인하대 최병욱 교수가 쓴 〈베트남 근현대사〉를 주 교재로 삼았다.

특히 치과의사로 베트남 전문가인 송필경 원장의 〈왜 호찌민인가〉라는 책은 베트남 현대사와 호찌민 주석을 이해하는 등댓불 같은 존재였다. 박순교 경북대 인문학술원 연구원이 쓴 〈이용상 화산이씨 연구〉라는 학술서에서도 많은 참고자료를 찾을 수 있었다. 임홍재 전 베트남 대사의 〈베트남 견문록〉과 연합뉴스 하노이 특파원을 지낸 권쾌현 기자의 〈아주 특별한 베트남이야기〉와 김선한 기자의 〈아시아의 젊은 호랑이 베트남〉도 베트남에 대한 상식을 넓혀주었다. 특별히 서울대 지리학과의 답사보고인 〈지오인사이트 하노이〉와 〈스토리텔링 하노이〉에서는 수도 하노이에 대한 많은 가르침을 얻을 수 있었다.

또한 '꼬리에 꼬리를 무는' 방식으로 서술한 베트남 한자어 단어들은 직접 사전을 찾아서 발췌한 것들과 여러 서적을 참조했다. 필자가 일했던 베트남한국교민신문의 후신인 베한타임즈에 연재된 '상용한자로 배우는 베트남어'의 내용도 많은 참고가 되었다.

6. 도움주신 고마운 이들

필자가 이 책을 처음 쓰고 또 고쳐 쓰는데 최고 도우미를 꼽으라면 호찌민 인문사회대 한국어과를 졸업한 '프엉' 씨이다. 15년 전 처음 만났을 때 '프엉'은 20대 중반의 아가씨였다. 당시 '프엉'은 필자의 통역이었을 뿐 아니라 필자가 책임을 맡고 있던 베트남한국교민신문의 총무, 경리, 대외교섭 담당자였다. '프엉'의 도움이 절대적이었다고 말하는 이유는 바로 필자의 부실하기 짝이 없는 원고를 감수해 주고, 교정봐주고 각종 자료까지 찾아 보완해주는 수고를 마다하지 않았기 때문이다. 10년 전 구버전 때나 지금이나 고마울 따름이다. 지금은 예쁜 딸 하나를 둔 아줌마가 된 프엉 씨에게 거듭 감사 인사를 전한다.

비록 10년도 더 지난 일이긴 하지만 베트남이라는 이역만리 생활을 마다하지 않고 믿고 따라와 준 아내 최선희와 두 아들, 창훈이와 지훈이에게도 지면을 빌어 다시 고마움을 전하고 싶다. 특히 남편 하나 믿고 이역살림에 기꺼이 나서준 아내를 존경한다. 사춘기에 접어들 무렵 친구와 학교를 등지고 아빠 엄마와 동행해 준 두 아들을 사랑한다.

✳

필자는 베트남에서의 돈벌이 가능성을 물어오는 사람에게 "시간이 있느냐"고 반문한다. 베트남이 뜬다고 하니 베트남에서 '한 건'을 해보자는 사람이 대부분이라서다. 그런 사람들에게는 속도조절이 필요해서다. 먼저 베트남에서 살아가기 위해서는 기다릴 줄 알아야 한다는 말을 강조하기 위해서다. 기다릴 줄 모르면 베트남에서 성공할 수 없다. 기다릴 줄 모르면 베트남 사람과의 협상은 시작도 하기 전에 실패한 것이다. 기다려야 한다. 기다릴 줄 알아야 한다. 이것이 한국인들이 베트남에서 가장 적응하기 힘든 부분이다.

'하노이'(하내 河內 Hà Nội) '노이바이'(내배 內排 Nội Bài) 공항이든 '호찌민'(호지명 胡志明 Hồ Chí Minh) '떤선녓'(신산일 新山一 Tân Sơn Nhất) 공항이든 비행기를 타고 베트남 땅에 발을 내리기 직전 보이는 베트남의 첫인상은 물이 많다는 것이다. 강과 호수가 많아도 너무 많다.

'하노이'를 가로지르는 '홍강'(롱홍 瀧紅 Sông Hồng, 홍하 紅河 Hồng Hà), '호이안'의 '투본강'(롱추분 瀧秋盆 Sông Thu Bồn), '다낭'의 '한강'(롱한 瀧瀚 Sông Hàn), '후에'를 감싸 도는 '흐엉강'(롱향 瀧香 Sông Hương, 향강 香江 Hương Giang), '메콩강'으로 더 유명한 '끄우롱강'(롱구룡 瀧九龍 sông Cửu Long) 등이 대표적인 강이라지만 베트남 영토 내에는 약 2천여 개의 강이 흐른다. 물의 나라라고 할 만하다. (박순교, 위키백과, 종합)

특히 베트남의 강과 하천을 보면 둥글둥글, 구불구불 그 자체이다. 급할 게 없어 보인다. 자연이 그렇게 생겼으니 사람도 마찬가지다. 잠시라도 지체를 견디지 못하고 스트레이트만 미덕으로 아는 우리와는 너무 다르다. 베트남에 오기 전에 명심 또 명심해야 한다.

때문에 베트남 사람들은 흔히 물에 비유된다. 뭐든 다 포용하고 누구든 가리지 않고 화합하고 단결하지만 무서울 때는 모든 걸 집어 삼키고 파괴할 정도의 힘도 갖고 있다는 것이다. 그게 베트남이고 베트남 사람이다. (베트남 견문록)

베트남과 베트남 사람들이 갖고 있는 이런 특성을 먼저 이해하고 이 책에 들어가자.

동서남북(동떠이남박)부터

동서남북(東西南北 Đông Tây Nam Bắc)은 어떻게 소리가 날까? '동 떠이 남 박'이다. 동(東 Đông) 자는 발음이 우리와 같다. 그러나 서(西 Tây) 자는 '떠이'로 읽는다. 하노이에서 제일 큰 호수가 유명한 서호(西湖 Hồ Tây)다. 베트남어로는 '호떠이'다. 호는 호수 호(호 湖 Hồ) 자 발음과 같다. 하노이 서쪽에 있는 '하떠이'라는 지명은 한자로는 하서(河西 Hà Tây)다. '하떠이'는 성이었으나 2008년 '하노이'시에 편입되었다. 여기서 또 하나. '떠이호'가 아니라 '호떠이'다. '떠이하'가 아니라 '하떠이'라는데 주목해야 한다.

'호떠이'는 넓이가 500ha에 이른다. '하노이' 시민들의 최대 휴식처다. 최근에는 '호떠이' 주변으로 고급 주택가들이 속속 들어서고 있어 시민들의 휴식처에 더해서 최고의 주거지로 각광받고 있다. (종합)

쯔어쩐꿕(진국사 鎭國寺 Chùa Trấn Quốc)은 '호떠이'에 있는 베트남에서 가장 오래된 불교사원이다. 544년 세워질 때 '쯔어카이꿕'(개국사

호떠이 전경 사진(구글)

開國寺 Khai Quốc)이라고 불렸고, '홍' 강변에 위치했다. 여기서도 절이라는 '쯔어' 뒤에 개국이라는 '카이꿕'이 붙어 있다. 1615년에 '홍' 강이 범람하자, 사원을 현재의 위치인 '호떠이' 내 '낌응우'(금어도 金魚)섬으로 옮겨 와 작은 둑길을 통해 육지와 연결시켜 두었다. (위키백과)

이번에는 남(南) 자다. 남방(南方 Phương Nam)은 '프엉남'으로 읽는다. '호떠이'와 '프엉남'에서 이상한 점을 발견할 수 있다. 왜 '떠이호'가

쯔어쩐꿕(진국사 鎭國寺 Chùa Trấn Quốc)

아니고, 왜 '남프엉'이 아닌가? 베트남어에서는 수식어보다 수식을 받는 명사를 먼저 쓰는 경향이 있기 때문이다. 여기에 대해서는 아래에 여러 차례 설명할 기회가 있다.

북(北. Bắc)자는 '박'이므로 중국의 수도 베이징(북경 北京 Bắc Kinh)은 '박낀'이고 북미(北美 Bắc Mỹ)는 '박미'로 소리가 난다. 북부(北部 Bắc Bộ)는 '박보'가 된다. 흰 백(白)자도 '박'으로 읽는다. 그래서 백마(白馬 bạch mã)는 '박마'다.

'베트남'의 수도가 '하노이'다. '하노이'는 한자로 하내(河內 Hà Nội)다. 글자대로 이해를 하면 강 안쪽 땅이라는 뜻이다. 이런 이름이 붙은 것은 '하노이'를 지나는 강이 크고 작은 것까지 합쳐서 무려 7개(홍강, 드엉강, 다강, 뉴에강, 꺼우강, 다이강, 까로강)나 되기 때문이다. 제일 큰 건 역시 '홍'강이다. '홍'강이 만들어 놓은 1만 5천㎢에 이르는 삼각주는 대규모 벼농사를 가능케 해 대도시의 인구를 부양할 능력을 낳았다.

첫 번째 심화학습이다. '하노이'에서 '노이'는 안 내(內 Nội)자이다. 내자가 들어가는 단어를 보면 북부(北部 Bắc Bộ)가 '박보'가 되는 것처럼 내부(內部 nội bộ)는 '노이보', 병원의 내과(內科 nội khoa)는 '노이콰'다.

그렇다면 과학(科學 khoa học)은 '콰혹'이 된다. 혹으로 발음되는 학(學 học)자를 만났으니 이에 대해 더 알아보자.

학기(學期 học kỳ)는 '혹끼'다. 학력(學力 học lực)은 '혹륵'이 되고 학생(學生 học sinh)은 '혹신'으로 발음된다. 대학(大學 đại học)은 '다이혹'이 된다.

파생어가 많은 날 생(生 sinh)자를 살펴보자.

생기(生氣 sinh khí)는 '신키', 생리(生理 sinh lý)는 '신리'다. 생명(生命 sinh

mạng)은 '신망'이고 생물(生物 sinh vật)은 '신벗'이다. 생사(生死. sinh tử)는 '신 뜨'다, 생일(生日 sinh nhật)은 '신녓'이 된다.

나라 이름 부르는 방법

나라를 뜻하는 국(國 quốc) 자는 어떻게 소리가 날까? '꿕'에 가깝다. 우리나라는 '한꿕' 정도로 소리가 난다. 물론 한자 한국 (韓國 Hàn Quốc)의 발음이다. 중국(中國 Trung Quốc)은 '쭝꿕'이다. 그렇다면 미국, 영국, 프랑스, 독일, 러시아의 나라 이름은? 미국(美國)은 '미꿕'(Mỹ Quốc)이 아니라 '느억미'(nước Mỹ), 영국(英 國)은 '안꿕'(Anh Quốc)이 아니라 '느억안'(nước Anh)이다. 독일(獨逸) 은 한자로 덕국(德國 Đức Quốc)이니까 역시 '느억득'(nước Đức)이고 프랑스도 한자로 법국(法國. Pháp Quốc)이니까 '느억팝'(nước Pháp) 이다.

러시아 역시 한자로는 아국(俄國)이지만 응아꿕(Nga quốc)이 아니라 '느억응아'(nước Nga)다.

한국, 중국에서 나라 국(國 quốc)자는 '꿕'이었으나 여기서는 베트남 어 '느억'(nước)이 쓰인다. 우리말로 '나라' 쯤 되지 않을까. 그러니까 한 국과 중국에서는 나라 국(國 quốc)자를 한자로 읽고 다른 나라에서는 나라라는 뜻의 베트남 말을 붙여 쓰는 것이다.

베트남 사람 이름 부르기

베트남 사람들 이름은 한자다. 표기를 알파벳으로 할 뿐, 한자로 다 쓸 수 있다. 베트남 사람들이 실생활에서 사용만 안 할 뿐이다. 한자로 쓰면 우리와 다르지 않다. 성과 이름으로 나뉘어져 있고 여자들 이름에

'티'(씨 氏 thị) 가 많이 쓰인다는 것 말고는 차이점이 없다. 사람 이름에 '티'가 들어있으면 여자라고 보면 된다. 또 베트남 사람들도 여자들 이름에 화(花 호아), 옥(玉 응옥) 등의 글자를 많이 사용한다. 방(芳 프엉) 자도 그렇다.

단, 하나 주의해야 할 점이 있다. 정말 주의해야 한다.

전 베트남 공산당 총서기장 이름은 응웬푸쫑(완부중 阮富仲 Nguyễn Phú Trọng) 이다. 이 사람을 '응웬' 총서기장으로 부르지 않는다. 우리 방식이면 '응웬' 총서기장이지만 베트남에서는 '쫑' 총서기장이다.

우리나라에도 다녀간 전 베트남 국가주석 중에 응웬민찌엣(완명철 阮明哲 Nguyễn Minh Triết)이 있다. 이 사람을 부를 때도 역시 '응웬' 주석이 아니다. '찌엣' 주석이 맞다.

또 베트남 역대 총리 중에 판반카이(반문개 潘文凱 Phan Văn Khải) 라는 이름이 있다. 그렇다면 이 사람은 '판' 총리가 아니라 '카이' 총리로 불러야 한다.

남자 이름만 그런 게 아니다. 여자 이름 역시 성으로 부르는 게 아니라 이름의 제일 마지막 글자로 부른다. 사람들이 부른다고 성이 아니라는 것에 주의하자.

베트남어 남부지방과 북부지방의 발음 차이

국민(國民. quốc dân)은 어떻게 소리가 날까? '꿕잔'으로 난다. 정확하게 말하면 우리말의 '잔'과 '전'의 사이 정도 발음이다. 하노이에서 그렇다. '꿕잔'이다. 그러나 호찌민에서는 '꿕얀'이 된다. 베트남을 상징하는 옷인 '아오자이'도 호찌민 발음으로는 '아오야이'가 된다.

이처럼 베트남의 남과 북의 말은 서로 다르다. 말하는 방식에서 큰 차이가 난다. 북베트남은 보수적인 생활양식을 반영하듯 발음이 딱딱 끊어지고 강하다. 그러나 남베트남 사람들은 개방적이고 자유분방한 성정을 반영하듯 상대가 알아듣기 어려울 정도로 입안에서 굴리면서 말을 한다.

또 우리는 공중파 방송에서는 서울 표준말을 쓰는데 베트남에서는 '하노이' 방송은 하노이 말을, '호찌민' 방송은 호찌민 말을 사용한다. (아주 특별한 베트남 이야기)

베트남의 상징 아오자이도 남북 발음이 다르다

'아오자이'는 베트남어로 웃옷이라는 '아오(áo)'와 길다는 뜻의 '자이(dài)'가 합쳐진 말이다. '다이'가 아니라 '자이'이다. 웃옷이 아래로 길게 내려왔다는 의미다. 실제로는 아래로 내려온 웃옷 말고도 바지가 하나 더 있다. '아오자이'는 더운 지방의 옷임에도 팔과 다리를 모두 감추는 옷이다. 상의는 몸에 착 달라붙게 재단하고 허리 아래부터 양 옆을 길게 터서 허리선이 돋보이게 함으로써 몸매를 드러내는 아주 섹시한 옷이다. 베트남항공의 스튜어디스 공식 복장이기도 하다.

'아오자이'는 베트남 통일 이후, 통일 베트남 정부가 비실용적이고 비생산적인데다 선정적이기까지 한 자본주의식 퇴폐복장이라고 해 자취를 감추었으나 1990년대 개방 이후 다시 등장했고 남쪽에서 더 보편화 돼 교복이나 근무복, 생활복으로 널리 애용되고 있다. (위키백과)

특히 흰색 '아오자이'는 여고생 교복으로 많이 입는다. 베트남 국영항공사인 베트남 에어라인 스튜어디스의 유니폼도 '아오자이'다. '호찌민' 식 발음으로는 '아오자이'가 아니라 '아오야이'다.

여고생들은 흰색 아오자이를 교복으로 입는다.

베트남의 또 다른 상징 쌀국수 '퍼'

베트남을 이야기하면서 쌀국수 '퍼'를 소개 안 하고 넘어갈 수는 없다. '퍼'(phở)가 맞는 발음이다. '포'가 아니다. 쌀국수를 쇠고기나 닭고기, 돼지고기 등으로 낸 국물에 말아 내는 국수 요리로, 베트남의 국민 음식이다. '퍼'는 베트남 북부의 하노이 음식이었다. 1954년 제네바 협정으로 베트남이 남북으로 분단된 뒤, 북베트남의 공산 정권을 피해 남베트남으로 내려간 사람들이 퍼를 팔기 시작해, 남베트남에서도 흔히 먹는 음식이 되었다. 그 후, 1964년에서 1975년까지 이어진 베트남전쟁 기간과 그 이후에 보트피플이 세계 여러 나라로 피난하면서 세계화되었다.

육수의 종류에 따라 '퍼 가'(phở gà 닭고기 쌀국수), '퍼 보'(phở bò 소고기 쌀국수), '퍼 해오'(phở heo 돼지고기 쌀국수) 등이 있다. 다른 고기 육수로 만든 것들도 많다. '퍼 하노이'(phở Hà Nội)에는 파와 후추, 고추 식초, 라임 등만 곁들여 먹는다. '퍼 사이공'(phở Sài Gòn)은 해선장과 핫소스를 함께 내며, 라임과 고추 외에도 숙주나물과 양파초절임을 곁들여 먹는다.

파가 들어간 퍼 하노이와 숙주가 들어간 퍼 사이공

하노이와 북부지방

하노이와 하이퐁이 있는 홍강 삼각주와 북부지방 (위키백과)

1. 하노이

베트남 인명과 지명의 대부분은 한자다. 이것만 알아도 덜 불안할 터. 특히 길 이름에는 역사적 인물과 사건들이 많이 등장한다. 우리의 을지로, 퇴계로, 충무로처럼. 베트남 주요 도시의 길 이름에 위인들이 많이 들어가게 된 이야기는 이렇다.

1954년 5월 '디엔비엔푸'(전변부 殿邊府 Điện Biên Phủ) 전투에서 프랑스군을 박살내고 하노이에 재입성한 '호찌민' 군대는 제일 먼저 프랑스 식민주의 잔재 청소 작업에 들어갔다. 그래서 가르니에, 파스퇴르, 지오바넬리 같은 프랑스 거리 이름을 '쩐흥다오', '리타이또', '응오꾸옌', '하이바쯩' 같은 역사 속 영웅들과 '판보이쩌우', '판쭈찐', '응웬타이혹' 등 근대 민족주의 투쟁에 앞장섰던 인물들 이름으로 서둘러 바꾸어 버렸다. 이들의 이름에 대해서는 뒤에 상세히 설명할 기회가 있다.

그 결과 '하노이'에 있는 300여 개의 길 이름 중 외부 침략에 대한 항거와 관련된 이름이 30%를 넘어선다.(대 중국 58개, 대 프랑스 61개, 대 미국 2개 등) 위대한 인물과 관련된 이름이 11%, 지리적 명칭과 관련된 이름이 40% 정도를 차지하고 있다.

60여 개에 이르렀던 프랑스식 거리 이름 가운데 살아남은 건 '베트남'을, '냐짱'을 사랑했던 세균학자 '알렉상드르 예르생'과 우유 브랜드로도 유명한 세균학자 '파스퇴르' 두 사람뿐이다. 다른 도시의 길 이름도 하노이의 예를 따랐다.(베트남견문록, 지오인사이트하노이)

'하노이'(하내 河內 Hà Nội)는 수도다. 수도는 한자로는 수도(首都 Thủ đô)라고 쓴다. 베트남 말로는 '투도'다. 물 하(河) 자는 '하'로 발음한다.

'수' 자에 대해 짚고 넘어가자.

수도(首都 thủ đô)는 '투 도'로 읽는다. 수상(首相 thủ tướng)은 '투 뜨엉'이다.

앞에서 본 것처럼 수도(首都 thủ đô)에서 수(首) 자는 '투'로 읽는다. 아래에 나와 있지만 손 수(手) 자도 수동(手動 thụ động)으로 쓰여 '투'가 된다. 물 수(水) 자는 '투이륵'(수력 水力 thủy lực)에서처럼 '투이'라고 한다.

물 수(水) 자 단어에서, 수력(水力 thủy lực)은 '투이 륵'이다. 화력(火力 hỏa lực)은 '화 륵'이다. 수산(水産 thủy sản)은 '투이 산'이 된다. 수압(水壓 thủy áp)은 '투이 압'이다. 혈압(血壓 huyết áp)은 '후엣 압'이 된다. 수은(水銀 thủy ngân)은 '투이 응언'이라고 한다. 금(金)은 '낌'이고 은(銀)은 '응언'이다.

유명한 '하롱베이'의 '하롱'은 아래 하 자를 쓰는 '하룡'(下龍)이다. 아래 '하'(下) 자 역시 발음은 '하'다. 아래 하(下) 자가 들어가는 하급(下級. hạ cấp)은 '하껍'이고, 하등(下等 Hạ đẳng)은 '하당'이다. 하류(下流 hạ lưu)는 '하르우'가 된다.

노이바이 국제공항 (위키백과)

　하노이의 관문은 '노이바이' 국제공항이다. '노이바이'(Nội Bài)는 한자로 내배(內排)이다. 한자로 쓰면 내배국제공항(內排國際空港)이 된다. 이걸 베트남어로 고치면 '산바이 꿕떼 노이바이' 로 읽는다. 베트남어 표기는 'Sân bay Quốc tế Nội Bài'이다. '산바이'는 공항의 베트남 말이다. 이곳에서 '하노이' 시내까지는 약 30분이 소요된다.

　국제공항의 국제(國際 quốc tế)의 발음은 '꿕떼'다. 그렇다면 국내선의 국내(國內 quốc nội)는 나라 국 자가 '꿕'이고 안 내 자는 하노이(河內)에서처럼 '노이', 그러니까 '꿕노이'가 된다. 국방(國防 quốc phòng)은 방자가 '하이퐁'처럼 퐁으로 소리가 나므로 '꿕퐁'이 된다.
　민주주의의 민주(民主 dân chủ)는 '잔쭈'가 된다. 주인 주(主. chủ)는 '쭈'로 보면 된다. 주관(主觀 chủ quan)은 '쭈꽌'이 될 것이다. 주인(主人 chủ nhân)은 당연히 '쭈년'이 되는 거다.

넛떤대교(일신교 日新橋 Cầu Nhật Tân)

'넛떤'대교는 일명 '일-베 우정의 다리'(Vietnam–Japan Friendship Bridge)로 부른다. '하노이'의 '홍'강을 횡단하는 사장교이다. 2009년 3월 착공하여 2015년 1월 개통되었다. '하노이' 시내와 '노이바이' 국제공항을 잇는 새로운 6차선 고속도로의 일부를 이룬다. 이 프로젝트는 일본 국제 협력기구 공적 개발 원조(ODA, 엔 차관)로 진행되었다. 3.7km의 다리를 포함하여 총 길이가 8.3km. (위키백과)

하노이 관광 1번지는 단연 '호안끼엠' (Hoàn Kiếm) 호수이다. 호수는 호(湖 Hồ) 그대로 베트남어가 된다. 그래서 '호 호안끼엠' (Hồ Hoàn Kiếm)이다. '호안끼엠'은 한자로는 환검(還劍 Hoàn Kiếm)이다. 환(還 hoàn) 자는 '환'과 '호안' 중간쯤으로 읽는다.

하노이 관광의 출발점인 호안끼엠 호수의 밤과 낮

　'호안끼엠' 호에는 다음과 같은 이야기가 전한다. 때는 15세기 초다. '레 러이(려리 黎利 Lê Lợi)'가 '탕롱'(하노이의 옛 이름)의 한 호수에서 장군들과 뱃놀이를 하며 전쟁의 승리를 다짐할 때 거북이 한 마리가 검을 입에 물고 왔는데 그 검으로 명나라 군대를 물리쳐 왕조를 창건했다. 그 후 왕이 이 호수에서 다시 뱃놀이를 하자, 커다란 거북이가 다시 나타나 이 칼을 되받아갔다는 것이다. 이 호수가 바로 '호안끼엠'(還劍) 호수다.

여명(黎明)이라고 할 때의 려(黎) 자는 '레(Lê)'라고 읽는다. 이롭다는 리(利) 자는 '러이(Lợi)'다.

———————

'호안끼엠'의 끼엠(검 劍 kiếm)은 긴 칼이다. 무협영화는 '핌끼엠힙'(phim kiếm hiệp)이다. 핌은 필름의 베트남 발음이다. 검술(劍術)은 '끼엠투엇'(kiếm thuật), 검법(劍法)은 '끼엠 팝'(kiếm pháp)이다. 한편, 검사할 검(檢) 자도 발음은 끼엠(kiểm)이다. 검사(檢查)는 '끼엠 짜'(kiểm tra)라고 한다. 검도(劍道 kiếm đạo)는 '끼엠 다오'가 된다.

검찰(檢察 kiểm sát)은 '끼엠 삿'이다. 경찰(警察 cảnh sát)은 '깐 삿'이다. 검토(檢討 kiểm thảo)는 '끼엠 타오'다.

아래 사진은 2011년 치료를 위해 생포했을 당시 모습이다. 길이 185㎝, 몸무게 169㎏이었다. 전 세계에 4마리밖에 없는 희귀종으로 100살이 훨씬 넘었던 것으로 알려졌다. 이 거북의 박제는 '호안끼엠' 호수 안에 있는 '응옥선'(옥산 玉山 Ngọc Sơn) 사당에 모셔져 있다. (위키백과)

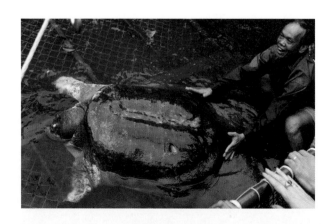

호안끼엠 호수에 살다
2016년에 죽은 초대형
민물거북

레러이(려리 黎利 Lê Lợi)

15세기 들어서 베트남이 혼란한 틈을 타 중국의 명나라가 다시 베트남 정치에 개입하기 시작하자 베트남에서 격렬한 저항운동이 일어났고 '레러이'는 그 중심 인물이다. 지방의 호족이었던 '레러이'가 당시 유교의 대가인 '응웬짜이'(완치 阮廌 Nguyễn Trãi) 등의 도움을 받아 1418년부터 10년간의 저항운동을 통해 명나라 군대를 몰아내고 '레' 왕조를 창건했다. (위키백과)

레러이

응웬짜이(완치 阮廌 Nguyễn Trãi)

'응웬짜이(1380~1442)'는 1428년 '레러이'가 출범시키는 레(려 黎 Lê) 왕조 건국 과정에서 중요한 역할을 하는 인물. 과거 시험을 통해 선발된 태학생 출신이다. 1428년 명나라를 물리치고 통일과 독립을 이뤄낸 것을 기념해 '빈응오다이까오'(평오대고 平吳大誥 Bình Ngô Đại Cáo)라는 글을 지어 베트남과 중국이 별개의 나라임을 선포했다.(위키백과)

여기 나오는 '응웬'이라는 글자를 모르고는 '베트남' 사람 이름을 이해할 수

응웬짜이

없다. 정확한 발음은 '응웬'과 '응우옌'의 사이 정도라고 할 수 있다. 여기서는 '응웬'으로 표기한다. 베트남어 표기가 제멋대로이던 시절 '구엔'으로도 표기하기도 했다.

'응웬'은 우리나라로 치면 김(金)씨와 같다고 할 정도로 많은 사람의 성씨로 사용된다. 성씨에 쓰는 '응웬'은 한자로는 '완'(阮. Nguyễn) 이다. 우리는 '완'으로도 읽고 '원'으로도 읽기도 하는데 성씨로 쓰는 건 '완' 이다.

베트남 마지막 왕조의 이름도 '응웬' 왕조이다. '응웬' 씨가 많은 것도 '응웬' 왕조의 덕분인지도 모를 일이다.

응웬 왕조(1802~1945)

1802년에서 1883년까지는 독립적으로 베트남을 다스렸다. 남진 정책을 펼쳐 베트남의 국경을 현재의 남부 베트남, 캄보디아, 라오스까지 크게 확장하였으며 전성기에는 동남아시아의 가장 강력한 국가들 중 하나였다. 하지만 1883년 이후에는 프랑스의 괴뢰국으로 전락하여 '안남'이라는 이름으로 1945년 3월 9일까지 존속하였다.

'응웬' 가문은 16세기까지 넓은 봉토를 다스리며 힘을 키웠고, 19세기에 마침내 외세의 힘을 빌려 '떠이선'(서산 西山 Tây Sơn) 왕조를 무너뜨리고 새로운 왕조를 개창하였다. 19세기 후반 들어서는 점차 프랑스에 흡수되기 시작하였다. 1858년 프랑스에 현재의 베트남의 남부 절반을 빼앗겼고, 1862년에는 '사이공' 조약을 맺어 프랑스가 직접 남쪽 지방에 프랑스령 '코친차이나'를 세우고 통치하였다. 1863년 '후에' 조약으로 프랑스는 베트남의 항구들과 외교권을 강탈하였고, 1883년과 1884년 '응웬' 왕조의 나머지 영토마저 안남과 통킹으로 나누어 형식상으로만 '응웬' 왕조의 자치에 맡겼다. 실제로는 이때 이미 프랑스가 보호령의 형식으로 베트남 전역을 지배하게 되었다. 1887년에는 베트남 전역을 모두 하나로 묶어 프랑스령 인도차이나를 만들었다.

제2차 세계대전 때인 1940년 일본이 인도차이나에 진출해 프랑스와 함께 베트남을 공동으로 통치하였으나, 1945년 일본은 프랑스를 쫓아내고 베트남을 독립적인 국가로 선포하였다. 이후 일본은 '응웬' 왕조의 마지막 국왕 '바오다이'(보대 保大 Bảo Đại 1913~1997)를 내세워 대리 통치하였으나 일본이 패망하고 '바오다이'가 퇴위한 이후 멸망하였다. 이후 '호찌민'이 1945년에 세운 베트남 민주공화국에 의해 143년간의 '응웬' 왕조가 끝나게 된다.

'완'이 들어간 이름은 수없이 많다. 이 책에서도 부지기수다. 먼저 위의 '응웬짜이'(완치 阮鷹 Nguyễn Trãi)가 있다. 또 호찌민의 한인회관이 있는 거리 이름인 '응웬끄찐'도 한자로는 완거정(阮居貞 Nguyễn Cư Trinh)이다.

리타이또

또 베트남의 영웅 '응웬후에'는 완혜(阮惠 Nguyễn Huệ)가 된다. '응웬타이혹'은 완태학(阮太學 Nguyễn Thái Học)으로 읽으면 된다.

리타이또(이태조 李太祖 Lý Thái Tổ)

우리나라처럼 같은 한자문화권인 중국이나 베트남이나 용(龍 long)은 신성한 동물이다. 하노이의 옛 이름도 '탕롱'이었다. 한자로는 승룡(昇龍 Thăng Long)이다. 모두 용이 들어가는 이름을 좋아한다. 인명이나 지명에 용자를 많이 쓴다는 점도 같다. 인도차이나반도의 젖줄인 '메콩'강은 한자로는 구룡(九龍 Cửu Long) 강이라고 쓰고 읽을 때는 '끄 우롱'으로 읽는다.

'탕롱'의 작명은 '리(李 Lý)' 왕조를 연 '리꽁우언'(李公蘊 이공온 Lý Công Uẩn. 후에 '리타이또' 李太祖 Lý Thái Tổ)의 작품이다. 그는 이곳을 1010년에 도읍으로 정했다. '리타이또'는 이곳의 지세가 풍수지리설상으로 뛰어난 곳이고 천도할 때 용이 하늘로 올라가는 광경을 보고 '탕롱'으로 개명했다고 한다. 탕롱으로 불리다가 '동낀(東京 Đông Kinh)'으로도 불렸고 1802년 이곳을 점령하고 응웬 왕조를 세운 '응웬푹안'(완복영 阮福映 Nguyễn Phúc Anh)이 수도를 '탕롱'에서 '후에'로 옮긴 뒤인 1831년에 와서야 '하노이'라는 이름을 얻게 되었다. '동낀'이라는 이름 때문에 유럽인들은 북부 베트남 전역을 '통킹'으로 부르게 됐다. (위키백과)

탕롱 황성의 정문 격인 '도안몬'(단문 端門 Đoan Môn)

'도안몬'은 우리나라 광화문과 같은 존재다. 10세기부터 거의 13세기

도안몬

동안 베트남의 정치적 중심지였던 '탕롱' 성채는 유네스코 문화유산으로 지정돼 있다. (위키백과)

음력 3월 15일 하노이에서 동쪽으로 30km 떨어진 '박닌'(북녕 北寧 Bắc Ninh)성에서는 사실상의 베트남의 첫 독립 왕조로 꼽히는 리(李 Lý) 왕조의 창설자인 '리타이또'의 제례가 펼쳐진다. 그는 유복자로 태어나 세 살 때 양자로 입적되어 한 승려로부터 교육을 받고 자랐다. 후에 그는 군사 전략가 겸 군 사령관이 되었는데 승려 집단의 추천으로 왕위에 올랐다. 리 왕조는 당연히 숭불(崇佛) 정책을 썼다. 왕조 창건 5년 만에 '탕롱'에 1천 개의 사찰이 들어섰다고 한다. 베트남 사람들은 실질적으로는 베트남에 의해 만들어진 첫 왕조는 '리' 왕조라고 생각한다. 그래서 2010년 '하노이' 정도 천년 행사를 국가적으로 성대하게 치른 것이다. (위키백과)

한국과 베트남의 교류는 명백한 역사적 기록이 있는 것만 따져 12세기로 거슬러 올라간다. 1127년 베트남 내부의 혼란을 피해 '리' 왕조의 '이양혼'(李陽焜)이 고려까지 건너와서 정선(旌善) 이씨의 시조가 됐다. 그로부터 100년 뒤인 1226년에는 '리' 왕조의 왕자(6대 영종의 아들) '이용상'(李龍祥 리롱뜨엉 Lý Long Tường)이 국난을 피해 바닷길을 이용해 송나라를 거쳐 고려로 와서 화산(花山) 이씨의 시조가 됐다. 몽골군의 침략을 막아내는데 공을 세운 이용상은 지금의 황해도 옹진군 화산리의 땅을 하사받고 화산군에 봉해졌다. 화산리에는 이용상과 아들 손자의 묘가 있다고 한다. 그 후손들이 전국에 1,237명(2015년 기준. 박순교)의 화산 이씨들이 살고 있다. 경북 봉화와 영주 지역의 화산 이씨 유적에는 주한 베트남 대사가 다녀가기도 했다. 지금도 한국의 리 왕조의 후손들은 매년 음력 3월 15일 '하노이' 근교 '박닌'성에 있는 팔왕사(八王寺)를 방문해 조상을 기리는 제례에 참석한다. (박순교, 위키백과, 종합)

하노이 36거리

'하노이'의 실질적인 역사가 11세기부터 시작되었다고는 하지만 도읍의 면모를 갖추는 데는 수 세기가 걸렸다. 13세기 초부터 도성의 바깥에 초기 형태의 길드 조직들이 나타나기 시작했고 15세기가 되면 36개 구역으로 나누어져 장인공방과 상점거리가 형성됐다. 이른바 '하노이 36거리'이다. 지금은 그 자취가 많이 희미해져 버렸지만 '호안끼엠' 호수 주변 거리에는 아직 그 흔적이 남아 있다.

이 36거리의 초입에 있는 시장이 '동쑤언' 시장이다. '호안끼엠' 호수 주변 관광의 필수코스이다. 이 주변으로 관광 셔틀도 부지런히 관광객을 나르고 '베트남' 하면 떠오는 '시클로'도 타 볼 수 있다. '동쑤언'은 동춘(同春 Đồng Xuân)이다.

36거리의 이름은 파는 품목이름으로 구분된다. '항 박'(Hàng Bạc)은 금은방 거리이고 '항 자'(Hàng Da)는 가죽제품 거리, '항 드엉'(Hàng Đường)은 설탕 거리, '항 므어이'(Hàng Muối)는 소금 거리라는 식이다. (도시로 보는 동남아시아사)

비단을 파는 '항 가이' 거리

동쑤언(동춘 同春 Chợ Đồng Xuân) 시장 입구

'호안끼엠' 호수와 '동쑤언' 시장 주변 야시장. 하노이 관광의 별미다.

코코넛 커피로 유명한 꽁까페(Cộng cà phê) 호안끼엠 호수점
'하이랜드' 커피점 바로 옆 초라한 건물 1, 2층에 있다.
'꽁까페' '호안끼엠'점은 특히 2층 다 쓰러질 것 같은 자리에서 '호안끼엠' 호수를 바라보며
마시는 코코넛 커피 맛이 일품이다. '꽁가페'의 '꽁'은 공산당을 뜻한다는 이야기도 있다.
아닌 게 아니라 '호안끼엠'점 실내 인테리어를 보면
베트남전 당시 '베트콩'과 관련된 것들이 많다.

2019년 하노이 쇼핑거리 가게 진열장 풍경

베트남 관광의 상징물인 시클로 대열
베트남의 주요 외국인 관광지에는 어김없이 '시클로'를 만날 수 있다.
특히 하노이 '호안끼엠' 호수 주변과 호찌민 '벤탄' 시장 근처에 많이 있다..

2019 2.27 미국-북한 정상회담 장면
'호안끼엠' 호수 부근에 있는 '메트로폴 호텔'
이 하노이 북미 정상회담의 장소였다. 이 호
텔은 1901년 세워진 하노이의 레전드급 호텔
이다. 1972년 미군의 대대적인 하노이 폭격
당시 반전운동을 하던 미국의 가수 '조안 바
에즈', 배우 '제인 폰다' 등이 이 호텔 지하 방
공호에 피신해 있었다. (도시로 보는 동남아
시아사)

하노이 가톨릭교회의 상징인 성요셉 성당

과거 프랑스가 세운 극동학원이 있던 베트남 역사박물관(위키백과)

'호안끼엠' 호수 주변에는 베트남 역사박물관도 있다. 아시아 등 각국
의 미술품이 전시되어 있었으나, 1958년부터 역사박물관으로 이용되고
있다. 박물관 내부는 역사관과 민족관 두 부분으로 나뉘어 구석기, 신석
기 시대의 유물, 고대 베트남 문명 시대 유물, 동 선 유물 등 5천여 점이

호안끼엠 호수와 그 주변 동쑤언(同春 Đồng Xuân) 시장, 성요셉 성당, 36거리 등을
돌아다니는 전기 셔틀

베트남 관광지 주변이면 흔히 찾을 수 있는 기념품 가게

연대순으로 전시되어 있다. 이 건물은 과거 프랑스의 인도차이나 식민 지배를 공고하게 하기 위한 연구기관이었던 '극동학원'이었다.

관광 기념품 가게에서 파는 품목은 머리에 쓰는 원뿔 모양의 '논'과 베트남 수공예품의 주종을 이루는 젓가락 목공예품 그리고 호찌민 주석 얼굴이 새겨진 각종 티셔츠 등이 있다. 베트콩 관련 물품의 이미테이션도 다수 보인다.

홍강(Sông Hồng 红河)의 낙조(위키백과)

'홍강'은 '송까이'(Sông Cái)라고도 한다. 길이 1,200km. '송까이'는 '대하(大河)'라는 뜻이다. 중국 윈난성(雲南省)의 중부에서 발원하여 베트남 북부를 남동쪽으로 흐른 다음 '통킹'만으로 흘러든다. 홍하 삼각주 지역은 베트남인의 역사적 중심지다. 중국 여러 왕조의 군대가 이 강의 상류를 거쳐 베트남으로 침입하였다가 번번이 대패하였다. 철분이 든 토사가 섞여 있기 때문에 홍하라는 이름 그대로 빛깔이 붉다. (위키백과)

'호안끼엠' 호가 있는 지역이 '호안끼엠'군이다. 그 오른쪽은 하노이의 젖줄인 '홍'강이다. '홍'강의 홍(紅 Hồng) 자의 발음은 우리와 베트남이 같다. 홍강은 베트남어로 '송 홍' (Sông Hồng)이다. 강은 '송'으로 부른다. 그렇지만 한자인 강(쟝 江 Giang)을 그대로 읽을 경우 '쟝'이나 '지앙'의 중간 소리 비슷하게 난다.

홍강을 사이에 두고 왼쪽은 '호안끼엠'군, 그 맞은 편 오른쪽은 '롱비

엔'(롱변=륭변. 龍邊=隆邊 Long Biên)군이다. 두 지역을 연결하는 다리
가 '롱비엔' 대교이다.

'롱비엔' 북쪽은 '동안'현이다. '동안'은 동영(東英 Đông Anh)의 독음
이다. 편안하다는 뜻의 안(安 Anh) 자도 '안' 비슷한 발음이 난다. 영국이
'안꿕'이 아니라 '느억안'으로 읽는다는 것은 앞에서 보았다. 영(英) 자는
'안'으로 읽는다. 지명에 주로 쓰이는 안은 편안하다는 안(安) 자다. '안
빈'도 있고 '안비엔'도 있다. 전자는 안평(安平 An Bình)이고, 후자는 안
변(安邊 An Biên)이다. 평(平) 자는 '빈'이고 변(邊) 자는 '비엔'이다.

'롱'은 롱(龍)으로 쓸 때도 있고 륭(隆)으로 쓰기도 한다. 예를 들면 '빈롱'이라는
지명은 한자로는 평륭(平隆 Vĩnh Long)이다. 여기서 륭(隆 long)은 발음이 '롱'이
다. 그러나 '탕롱'(승룡 昇龍 Thăng Long)에서 보듯이 용(龍 Long)도 '롱'이다. 혼
용되는 사례가 많으므로 그때그때 알아두어야 한다.

용왕(龍王 Long Vương)은 '롱'이 들어가서 '롱 브엉'이 된다. 용궁(龍宮 Long
Cung)은 '롱꿍'이다.

'변' 자도 알아보자.

변동(變動 biến động)은 '비엔 동'이다. 변화(變化 biến hóa)는 '비엔 화'다. 변
론(辯論 biện luận)은 '비엔 루안'이다.

빈'으로 소리나는 평(平)' 자도 살펴보자. '평' 자는 용례가 많다.

평균(平均 bình quân)은 '빈 꿘'이다. 평등(平等 bình đẳng)은 '빈 당'이다. 평
면(平面 bình diện)은 '빈 지엔'이다. 면(面 diện) 자는 '디엔'이 아니라 '지엔'이다.
체면(體面 thể diện)은 '테지엔'이 된다.

평생(平生 bình sinh)은 '빈 신'이다. 평원(平原 bình nguyên)은 '빈 응웬'이다.

롱비엔 군과 호안끼엠 군을 연결하는 쯔엉즈엉(창양 彰陽 Chương Dương) 대교
길이 1,230m (위키백과)

평행(平行 bình hành)은 '빈 한'이다. 평화(平和 bình hòa)는 화평(和平 hòa
bình)이다. 그래서 '호아 빈'이다.

'롱비엔'군에는 '쟈럼' 공항도 있다. 우리가 베트남을 들어갈 때 관문
역할을 하는 '노이바이'(내배 內排 Nội Bài) 공항보다는 훨씬 작은 공항
이다. '쟈럼'은 한자로는 가림(嘉琳 Gia Lâm)이다. 림(琳 Lâm) 자나 림
(林 Lâm) 자는 '럼'으로 읽는다. '롱비엔' 지역에는 '응옥럼' 이라는 지명
도 한자로는 '옥림(玉林)'이다.

'호안끼엠'군 바로 아래에는 '하이바쯩'(Hai Bà Trưng)군이 있다. '하
이바쯩'은 한자로는 이파징(二婆徵 Hai Bà Trưng)이지만 한자와 베트
남말이 섞인 표현이다. '하이바쯩'은 베트남 역사에서 맨 처음 나오는 여
성 영웅 자매를 이른다.

하이바쯩(이파징 二婆徵 Hai Bà Trưng)

베트남의 잔 다르크로 불린다. 둘이라는 뜻의 베트남어 '하이'에다 '바쯩'이라는 한자어가 함께 사용된 말이다. 이징부인(二徵夫人)으로 부르기도 한다. 즉 두 명의 징씨 아주머니란 뜻이다.

하이바쯩의 시대는 중국 한(漢. Hán)나라 광무제 시기이다. 지금의 하노이 인근에 설치돼 있던 '쟈오찌'(교지 交趾 Giao Chỉ) 태수로 부임한 관리의 포악함과 착취에 항거해 베트남인 최초의 대규모 대중국 저항운동을 일으킨 '쯩'(徵 Trưng)씨 자매를 일컫는다. '쯩짝'(징측 徵側 Trưng Trắc)과 '쯩니'(징이 徵貳 Trưng Nhị) 자매다. 쯩짝과 결혼한 티싹(시색 詩索 Thi Sách)이 저항운동의 중심으로 간주돼 처형당하자 쯩 자매가 '쟈오찌' 중심부를 공격했다. 서기 40년의 일이다. 그러나 한나라 광무제는 '쯩' 자매의 반란 소식에 삼국지에도 나오는 마원(馬援 마비엔 Mã Viện)을 원정군 사령관에 임명했고 결국 43년 '쯩' 자매가 사로잡혀 처형

을 당하고 저항운동은 진압됐다. 중국의 지배에 항거해 독립국가를 세운 최초의 여자 지도자다. 비록 3년간이었지만 베트남 역사에서는 위대한 대 중국 독립투쟁의 첫 신호탄으로 추앙받고 있다. '하노이'시는 매년 음력 2월 6일 쯩 자매의 죽음을 기리는 행사를 열고 있다. (위키백과, 스토리텔링하노이)

하이바쯩 거리

'하이바쯩'이라는 이름의 거리는 베트남 주요 도시에 다 있다. 그만큼 베트남 역사에서 이 두 자매가 차지하는 비중이 크다.

'하이바쯩'군 남쪽 지역은 '황마이'군이다. 한자로는 황매(黃梅. Hoàng Mai)다. 하노이의 동남쪽에 있다. 이 지역에는 전통음식마을이 많이 모여 있다. 백매(白梅. Bạch Mai) 길도 있다. 독음은 '박마이'다. 흰 백(白) 자의 발음도 '박'이고 북녘 북(北) 자의 발음도 '박'이다. '하이바쯩'군과 '황마이'군을 세로로 관통하는 도로로 해방로(解放路)가 있다. 해방로의 해방은 베트남말로 '쟈이퐁'(Giải Phóng)이다. 백 자는 흰 백(白)이나 일백 백(百)이나 모두 '박'으로 읽는다. 다만 白은 'Bạch'이고 百는 'Bách'으로 성조가 다르다. 북(北) 자도 '박'이다.

'해'라는 글자를 더 알아보자.

바다 해(海) 자부터. 해군(海軍 hải quân)은 '하이 꿘'이다. 공군(空軍 không quân)은 '콩 꿘'이다. 육군(陸軍 lục quân)은 '룩 꿘'이 된다. 해류(海流 hải lưu)는 '하이 르우'라고 한다. 해병(海兵 hải binh)은 '하이 빈'이다. 해양(海洋 hải dương)은 '하이 즈엉'이 된다. 원양(遠洋 viễn dương)도 '비엔 즈엉'이다. 해외(海外 hải ngoại)는 '하이 응와이'라고 한다. 해적(海賊 hải tặc)은 '하이 딱'이라고 한다.

풀 해(解) 자의 용례는 더 많다.

해(解) 자의 발음은 '지아이'와 '쟈이'의 중간 발음이라고 할 수 있다. 해결(解決 giải quyết)은 '쟈이 꾸엣'이다. 해답(解答 giải đáp)은 '쟈이 답'이다. 해독(解毒 giải độc)은 '쟈이 독'이다. 해산(解散 giải tán)은 '쟈이 딴'이다. 해체(解體 giải thể)는 '쟈이 테'라고 읽는다. 해결(解決 giải quyết)은 '쟈이 꾸엣'이다. 해방(解放 giải phóng)은 '쟈이 퐁'이다.

정리하자면 해 자는 바다(海 hải)의 뜻일 경우에는 '하이'라고 한다. 해결한다는 의미(解 giải)일 때는 발음이 '쟈이'로 난다

'하이바쫑'군의 서쪽은 '탄쑤언'군이다. 한자로는 청춘(靑春 Thanh Xuân)으로 쓴다. 청(靑 thanh)은 '탄'이다. 유명한 신문 '탄니엔'의 제호인 '탄니엔'은 한자로 청년(靑年 thanh niên)이다.

탄니엔(청년 靑年 Thanh Niên)은 1925년 6월 '응웬아이꿕'(완애국 阮

베트남 대표 일간신문 '탄니엔'의 홈페이지

愛國 Nguyễn Ái Quốc)이라는 이름을 쓰고 있던 '호찌민'이 조직한 '베트남청년혁명동지회'의 약칭. 이념을 바탕으로 조직된 단체로 정치적인 독립만이 아니고 농사짓는 사람에게 땅을 준다는 경자유전(耕者有田)을 주장함으로써 사회혁명적인 슬로건까지 내세워 대중들에게 큰 호소력을 발휘했다. 기관지로 '탄니엔'을 주간으로 발행했다. 베트남 유력 일간지 이름으로 잘 알려져 있다. 호찌민에서 발행되는 신문 가운데는 '사이공쟈이퐁(Sài Gòn Giải Phóng)'이 있다. 한자로는 '西貢解放(서공해방 Sài Gòn Giải Phóng)'이 된다. '쟈이퐁'은 해방(解放. Giải Phóng)이다.

———————

청년(靑年 thanh niên)은 살펴 본 대로 '탄 니엔'이다.

청렴(淸廉 thanh liêm)은 '탄 리엠'이다. 청산(淸算 thanh toán)은 부채나 채무를 해소한다는 뜻으로 '탄 또안'이다. 청소년(靑少年 thanh thiếu niên)은 '탄티에우니엔'이다. 청춘(靑春 thanh xuân)은 '탄 쑤언'이다.

청구한다는 청(請) 자로는 청혼(請婚 thỉnh hôn)은 '틴 혼'이다. 보통 구혼(求婚)이라고 한다. '꺼우 혼 (cầu hôn)'이다. 혼례(婚禮 hôn lễ)는 거의 비슷해 '혼레'다. 파생어로 혼돈(混沌 hỗn độn)은 '혼 돈'이다. 혼란(混亂 hỗn loạn)은 '혼로안'이라고 한다.

푸르다는 청(靑 thanh) 자와 맑다는 청(淸 thanh) 자는 '탄'으로 읽는다. 청구한다는 청(請 thỉnh) 자나 듣는다는 청(聽 thính) 자는 '틴'이다.

춘(春 xuân)은 '쑤언' 정도의 발음이다. 춘풍(春風 xuân phong)은 '쑤언퐁'으로 소리가 난다.

해방의 '방'(放)과 춘풍의 '퐁'(風)은 다 같이 발음은 '퐁'이지만 성조가 다르다.

호찌민 주석 영묘의 정식 명칭은 '호찌민주석릉'(陵主席胡志明. Lăng

호찌민 주석 영묘

Chù tịch Hồ Chí Minh)이다. 베트남 독립선언문을 낭독했던 '바딘'(파정 波亭 Ba Đình) 광장의 중앙에 2년에 걸쳐 높이 21.6m에, 3층으로 지어져 1975년 9월 2일에 완성되었다.

모스크바에 있는 '레닌'의 묘에 착안, 외관은 회색 화강암으로 이루어져 있고, 내부는 회색, 검은색과 빨간색 광택이 나는 돌을 사용했다. 영묘의 옆에 있는 배너에는 '베트남의 장구한 사회주의 공화국'(Nước Cộng Hòa Xã Hội Chủ Nghĩa Việt Nam Muôn Năm)이라는 글귀가 새겨져 있다. 묘지 내부에는 베트남 인민군이 경호를 하고 있으며, 잡담은 금지되어 있고, 멈춰서는 것은 허용되지 않는다. 호찌민은 1965년 유언을 쓴 것으로 알려져 있다. 그러나 베트남 당국은 전시라는 이유로 그의 유서 전문을 공개하지 않았다. 베트남 공산당은 이를 1990년에 와서야 공개했다. 호찌민은 유언에서 생전 검소한 삶을 반영하듯 시신을 화장하여 유골을 북부(통킹), 중부(안남), 남부(코친차이나)에 뿌려주길 원했고, 개인숭배로 이어지는 묘소 건립을 원하지 않았다. (위키백과, 베트남 견문록)

베트남 국기인 금성홍기(황성적기)와 공산당기를 배경으로 한 호찌민

바딘광장

'바딘' 광장의 원래 이름은 '퓌지니에' 광장이다. 지금 베트남 주석 관저로 쓰고 있는 곳이 프랑스 총독 관저였고 그 앞 광장이 가톨릭교회 사제의 이름을 딴 '퓌지니에' 광장이었다. 1945년 9월 2일 이곳에서 독립선언을 한 뒤부터 베트남 사람들은 프랑스 잔재 청산 차원에서 이곳을 '바딘' 광장 도는 독립 광장으로 불렀다. '바딘'은 1886년 '탄호아'(청화 淸化 Thanh Hóa)성 '바딘'에서 일어난 반 프랑스 운동을 기념하여 부른 이름이다.

이곳은 원래 1894년 프랑스가 베트남을 프랑스령 인도차이나의 일부로서 지배하면서 '하노이' 황성의 성문을 헐고 화원을 조성하여 '퓌지니에' 공원으로 명명한 곳이었다. 길이 320m, 폭 100m 규모로 240 개로 나뉜 잔디밭이 조성되어 있다. 광장의 중앙과 마주하여 호찌민 주석의 영묘가 있다. (왜 호찌민인가. 위키백과. 종합)

베트남 사람들은 '호찌민'을 공산주의자 이전에 애국자이며 민족주의자라고 말한다. 그는 거대 제국주의 프랑스로부터 베트남의 해방과 독립과 자유를 쟁취하기 위해 공산주의를 수단으로 수용했을 뿐이라고 한다. 그는 이름을 '애국'(愛國 아이꿕 Ái Quốc)으로 쓰기도 했고 공산주의를 배척하는 유교를 옹호하기도 했다. 1954년 '디엔비엔푸'(전변부 奠邊府 Điện Biên Phủ) 전투에서 프랑스군을 격퇴한 뒤 '푸토'(부수 富壽 Phú Thọ)성에 있는 베트남의 시조 격인 '흥왕사'를 방문해 조상신을 참배하기도 했다. '호찌민'은 또한 민족주의 성향으로 인해 소련의 스탈린으로부터 의심을 사기도 했고 경원시되기도 했다. 독립투쟁 과정 중에는 중국 국민당의 장개석과도 손을 잡았고 미국과도 손잡기를 주저하지 않았고 세가 불리할 때는 프랑스 제국주의자들과도 타협했다. 이 때문에 베트남 공산당 내부에서도 강경파들로부터 거센 공격과 비판을 받기도 했다. 그의 평생은 철저한 민족주의자의 면모를 보여주고 있는 것이다. (왜 호찌민인가. 종합)

    호찌민 영묘를 참배하기 위해서는 휴일을 피해야 한다. 땡볕 아래 수백 미터의 줄을 서고 1시간여 기다릴 수 있는 인내심을 테스트받아야 하기 때문이다.

호찌민 영묘 참배를 위해 참배객들이 줄지어 서 있다

호찌민 영묘 뒤편에 있는 호찌민 주석 기념관

'호찌민'이 '8월 혁명'에 성공하고 1945년 9월 2일 베트남민주공화국의
출범과 독립을 선언한 곳은 '바딘' 광장이다. 이로써 '응웬' 왕조의 마지

바딘 광장 바로 옆에 있는 주석부의 경내. 프랑스 총독의 관저였다

막 황제 '바오다이'(보대 保大 Bảo Đại)는 폐위됐다.

'8월 혁명'은 베트남어로 '칵망탕땀'(Cách mạng tháng Tám)이다. 혁명 8월의 어순이다. '칵망'은 혁명(革命. cách mạng)이다. '탕땀'은 8월의 베트남어 표기다. '땀'이 8이다. '탕'은 베트남말로 월(月)을 뜻한다. '탕'을 월(월)의 뜻으로 쓰는 길 이름이 또 있다. '바탕하이'다. '바탕하이'는 베트남공산당 성립기념일인 1930년 2월 3일을 기념하는 날이다. '바'는 3을 뜻하고 '하이'는 2를 뜻한다. 베트남 사람들의 건배사 '못 하이 바'는 1, 2, 3을 뜻하는 것쯤은 알아두어야 한다.

베트남 숫자 세기

그렇다면 우리말로 '하나, 둘, 셋, 넷, 다섯, 여섯, 일곱, 여덟, 아홉, 열'을 베트남 말로는 어떻게 할까. '못(một), 하이(hai), 바(ba), 본(bốn), 남(năm), 사우(sáu), 바이(bày), 땀(tám), 찐(chín), 므어이(mười)'라는 것도 살펴보고 넘어가자.

베트남 숫자 세기는 관광객도 알아두면 좋다.

11은 '므어이 못'이다. 10과 1을 이어 부르면 된다. 19는 '므어이 찐'이다. 20은 '하이 므어이'(hai mươi)다. 2와 10을 순서대로 읽으면 된다. 100은 1과 100을 이어서 읽으면 된다. '못'과 '쨈'(trăm)이다. 200은 '하이 쨈'이다. 1,000은 '못 응인'(một nghìn)으로 쓴다. 그럼 10,000은 천이 열 개이니까 '므어이 응인'(mười nghìn)이 된다.

바오다이 황제의 깃발

　베트남 정부의 주요 기관이 들어서 있는 '바딘' 광장의 '바딘'은 한자로 파정 (波亭 Ba Đình)이다. 그곳의 행정구역은 '꿴 바딘' 즉 바딘군이다. '바딘' 광장 주변으로 역사적인 장소도 많고 역사적인 인물의 이름을 딴 거리도 많다. '바딘' 광장의 북쪽에는 '호떠이'(서호 西湖)가 있다.

　'훙브엉' 거리부터 보자. 한자로는 웅왕(雄王 Hùng Vương)이다. '반랑꿕'(문랑국 文郞國 Văn Lang quốc)을 세운 인물이다. 전국 각지에 이 이름을 딴 거리가 있을 만큼 베트남 역사에서 우리의 단군 할아버지급 대접을 받는다.

　베트남은 우리의 단군에 해당하는 '훙브엉'(웅왕 雄王 Hùng Vương)을 민족의 시조로 정하고 있다. 그들의 건국신화는 산의 신 '어우꺼' (Âu Cơ)와 바다의 신 '락롱꿘'(Lạc Long Quân)으로 이루어진다. 약 3천년 전 둘이 만나 결혼을 해서 모두 100명의 자녀를 낳았는데 이들 중 50명은 산으로 보내고 50명은 바다로 보냈다. 그 후 산으로 간 50명이 '반랑꿕'(文郞國)을 세웠는데 이것이 바로 베트남의 첫 국가라는 것이다. '반랑꿕'은 첫아들부터 차례로 왕이 됐는데 그가 바로 베트남의 시조인 '훙브엉'이다. 2008년 '훙브엉'의 제삿날인 음력 3월 10일을 공휴일로 하고, '하

‘호찌민’시 통일궁에 걸려 있는 국조 홍브엉 (위키백과)

노이’ 북서쪽 50km에 위치한 ‘푸토’(부수 富壽 Phú Thọ)성의 ‘훙브엉’ 사당에서 제사를 지내고 있다. 이날부터 열흘간 ‘훙브엉’ 축제가 열린다.

‘훙브엉’이 세운 나라 이름 ‘반랑’에서 반의 한자는 문(文 văn) 자다. 그래서 문법(文法 văn pháp)은 ‘반팝’이 되고 문화(文化 văn hóa)는 ‘반화’가 된다. 문학(文學 văn học)은 ‘반혹’이다. ‘반’으로 소리 나는 거리 이름의 대다수가 이 문(文. văn) 자를 쓴다.

———————

‘훙’은 웅(雄 hùng) 자의 독음이다. 영웅(英雄 anh hùng)은 영 자가 ‘안’으로, 웅 자는 ‘훙’으로 소리가 나므로 ‘안훙’이 된다. 왕(王) 자는 ‘브엉’이다.

왕국(王國 vương quốc)은 ‘브엉 꿕’이다. 왕비(王妃 vương phi)는 ‘브엉 피’다. 왕자(王子 vương tử)는 황자(皇子 hoàng tử)를 써서 ‘황 뜨’라고 한다. 왕조(王朝 vương triều)는 ‘브엉 찌에우’가 된다. 왕족(王族)은 황족(皇族 hoàng tộc)을 써서 ‘황 똑’이라고 한다.

민족(民族 dân tộc)은 '전똑'이다. 자(子 tử) 자는 '뜨'로 읽으니까 자녀(子女 tử nữ)는 '뜨느'가 되고 자손(子孫 tử tôn)은 '뜨똔'이 된다.

이어 다소 생소하게 들리는 '레홍퐁' 거리도 있다. 인도차이나 초기 공산당 지도자 려홍봉(黎鴻峰 Lê Hồng Phong)의 이름을 딴 것이다. 이 거리는 베트남 현대사의 한 전기를 마련하는 '디엔비엔푸' 전투의 이름을 딴 '디엔비엔푸'(전변부 奠邊府 Điện Biên Phù) 거리와도 만난다.

레홍퐁(려홍봉 黎鴻峰 Lê Hồng Phong)은 인도차이나 공산당 초대 서기장을 지냈다. 1939년에 '호찌민'에서 프랑스에 잡혀 6개월 옥살이를 한 뒤 석방됐으나 1940년 다시 체포돼 1942년 '꼰따오'(곤도 崑島 Côn Đào) 감옥에서 병사했다. 여성 혁명전사 '응웬티민카이'와 결혼, 딸 하나를 낳았다.

응웬티민카이(완씨명개 阮氏明開 Nguyễn Thị Minh Khai 1910~1941)는 1940년 11월에 일어난 대대적인 민중봉기 과정에서 목숨을 잃은 인도차이나 공산주의 운동사에서 가장 빛나는 여성이다. 모스크바에 유학한 최초의 베트남 여성으로 '응웬아이꿕'(호찌민 주석의 젊은 시절 이름)의 비서를 지냈다. 1936년에 '레홍퐁'(려홍봉. 黎鴻峰. Lê Hồng Phong)과 결혼하여 딸을 하나 낳았다. 1940년에 프랑스 측에 체포돼 1941년 총살될 당시 죄수복을 벗어 던지며 '베트남공산당 만세'라고 외칠

레홍퐁과 응웬티민카이

정도로 혁명에 몸을 던진 불꽃같은 삶을 살다간 여전사다. '응웬티민카이'의 여동생은 베트남전 최고의 영웅 '보응웬지압'(무원갑 武元甲 Võ Nguyên Giáp)의 첫 번째 아내였다. (위키백과, 왜 호찌민인가)

    ·

'디엔비엔푸'(전변부 奠邊府 Điện Biên Phù) 거리는 역사적인 디엔비엔푸 전투의 이름을 따서 붙인 거리 이름이다. 베트남 현대사의 흐름을 바꾼 1954년 5월 4일에 있었던 대 프랑스 항전 승전지의 이름이다. ('디엔비엔'성 설명 참조) 베트남군의 전설인 '보응웬지압(무원갑 武元甲 Võ Nguyên Giáp)' 장군이 이끄는 베트남군이 이 전투에서 승리함으로써 프랑스 세력을 인도차이나 반도에서 몰아냈다. 세계 전사에도 나오는 대표적인 전투다. 압도적인 장비와 현대화된 프랑스군 1만1천 명이 장비와 훈련 등 모든 면에서 뒤떨어진 베트남군 3만여 명에게 패배했다.

보응웬지압(무원갑 武元甲 Võ Nguyên Giáp)

미국 언론으로부터 '붉은 나폴레옹'이라는 칭호까지 얻은 베트남전쟁의 영웅이다. 1911년 베트남 중부 '꽝빈'(광평 光平 Quảng Bình)성 출신으로 열렬한 반식민주의 학자의 아들로 태어났다. 1926년 학생 시절 베트남 청년 혁명당에 가입했고 1930년에 학생파업을 지지했다는 이유로 프랑스 경찰에 체포되어 3년형을 선고받았으나 수개월 후에 석방되었다. 그는 대학 졸업 후 혁명가의 길을 가지 않고 역사 교사가 되었다. 그 후 문화 선전 활동을 벌이다 1938년 공산당에 들어갔다. 1945년을 전후해서 '호찌민'을 지근거리에서 보좌한 두 사람 가운데 한 사람이었다. 다른 이는 총리를 지낸 '팜 반동'(범문동 范文同 Phạm Văn Đồng)이다.

1954년 5월 7일 '디엔비엔푸' 전투에서 베트남군 총사령관으로 프랑스군을 무찌르는 쾌거를 이루어 제1차 인도차이나 전쟁에서 승리했다. 이

후 미국과의 제2차 베트남전쟁을 승리를 이끌었으며, 1975년 통일 이후 베트남 국방장관과 교육과학 담당 부총리를 역임했다. 자신의 경험을 토대로 하여 1961년 게릴라전에 관한 도서 〈인민의 전쟁, 인민의 군대〉를 집필했다. 2011년 100세 생일을 맞았고 2013년 사망했다.

'보응웬지압' 이름에 나온 무(武) 자를 알아보자. '보반떤'이라는 이름은 유추해서 무문(武文 Võ Văn)이라는 글자에 '떤'이 붙는 형식일 것이다. '떤'은 진(秦. Tần) 자다. 무(武. võ) 자는 이름에 쓰일 때는 '보'로 소리가 나고 문(文 văn)은 '반'이다.

앞에서 공부한대로 무(武) 자가 이름에 쓰이지 않으면 '부'로 읽는다. 무기(武器 vũ khí)는 '부 키'다. 무력(武力 vũ lực)은 '부 륵'이 된다. 무술(武術 vũ thuật)은 '부 투엇'이다.

베트남전쟁이 한창일 때와 만년의 보응웬지압 장군 (위키백과)

'보반떤'(무문진 武文秦 Võ Văn Tần. 1895~1941)은 현재의 롱안(Long An)성 가난한 농가에서 출생한 공산 혁명가다. 1940년 호찌민에서 프랑스군에 체포돼 불구가 될 때까지 고문을 당하다가 1941년 8월 28일 총살형에 처해졌다. 49세였다.

'보티사우'(武氏六 Võ Thị Sáu. 1935~1952)라는 여걸도 있다. 이름에 '티(씨 氏)'가 들어가면 여자다. 육(六)은 여섯의 경우에 '사우'라고 읽는다. '보티사우'는 12살 때 오빠와 같이 프랑스에 맞서 독립투쟁에 참가했다. 1950년 프랑스군에게 잡혔다. 프랑스군은 10대의 '보티사우'를 공개적으로 사형할 수 없어서 여러 감옥으로 데리고 다니다가 1952년에 몰래 사형을 집행했다고 한다.

———————

용례가 너무나 많은 '무'자에 대해 심화학습을 해보자.

없을 무(無 vô) 자는 '보'로 읽는다. 무례(無禮 vô lễ)는 '보 레'로 읽는다. 무리(無理 vô lý)는 '보 리'가 올바른 독음이다.

무사하다는 무사(無事 vô sự)는 '보 스'가 된다. 무산(無産 vô sản) 역시 '보 산'으로 읽는다. 무선(無線 vô tuyến)는 '보 뚜엔'으로 쓴다. 무심(無心 vô tâm)은 마음 심(心 tâm) 자의 독음이 '떰'이므로 '보 떰'이 된다.

무용(無用 vô dụng)은 '보 중'으로 읽는다. 남쪽 지방 호찌민에서는 '보 융'이다. 무적(無敵 vô địch)은 '보 딕'이다. 무죄(無罪 vô tội)는 '보 또이'로 읽으면 된다. 무한(無限 vô hạn)은 이제 쉽다. '보 한'이 된다. 무효(無效 vô hiệu)는 '보 히에우'다.

반면 무술, 무예라고 할 때의 무(武) 자는 '부'(vũ)로 읽는다.

그래서 무기(武器 vũ khí)는 '부 키'다. 무력(武力 vũ lực)은 '부 륵'이 된다. 힘력(力 lực)의 발음은 '륵'이다. 무술(武術 vũ thuật)은 '부 투엇'이다.

'디엔비엔푸' 거리와 '홍브엉' 거리 근처에 유교의 상징적인 장소인 문묘가 있다. 문묘(文廟 Văn Miếu)는 '반미에우'라고 읽는다. 문묘는 '동다'(동다 棟多 Đống Đa)군에 있는 공자의 위패를 모신 건축물이다. 1070년에 세워졌으며, 1076년에는 베트남 최초의 대학으로 유학자를 양

문묘 경내 (위키백과)

성하였다. 경내는 벽을 경계로 모두 다섯 곳으로 나뉘어 있는데, 가운데 문은 왕만이 출입했고, 좌우측 출입로는 일반인들이 출입했다. 경내 좌우에는 거북 머리 대좌를 한 82개의 진사제명비가 있고, 여기에는 1442년부터 1787년까지 과거에 합격한 사람의 명단이 새겨져 있다.

'디엔비엔푸' 거리 위쪽으로는 '황반투' 거리가 있다. 한자로는 황문수(黃文樹. Hoàng Văn Thụ)다. '하노이'시 동남쪽에 '황반투' 지역이 있다. 물론 호찌민에도 같은 이름의 거리가 있다. '황반투' 거리 한 블록 위쪽은 '판딘풍' 거리다. '판딘풍'은 한자로는 반정봉(潘廷逢. Phan Đình Phùng)이다.

'호앙반투'(黃文樹 Hoàng Văn Thụ 1909~1944)는 동양공산당의 지도자로 베트남 민족해방 혁명기에 큰 공헌을 했다. 혁명시인으로도 유명하다. 프랑스군에 잡혀 총살을 당하기 직전 눈을 가리려 했으나 '호앙반투'는 "필요 없다"고 당당하게 말했다. 그리고 최후 진술로 "국가를 잃은 우리와 국가를 훔친 너희들 사이에서 나 같은 희생은 꼭 필요하다. 그러나 결국 우리는 반드시 이길 거다"고 했다.

앞에 나온 이름 '판딘풍'(반정봉 潘廷逢 Phan Đình Phùng)은 19세기 프랑스 침략에 저항하기 위해 그 중심에 왕을 세운 근왕운동의 중심인물 가운데 한 사람이다. 1877년 과거시험에서 장원으로 급제한 후 어사의 벼슬에 있었으나 황제 폐위에 반대하다 면직 당해 낙향했다. 이후 10년 동안 조직적인 저항운동을 전개했다. 이 운동도 그가 1895년 죽자 종말을 고했다.

'디엔비엔푸' 거리가 끝이 나는 지점에서는 '응웬타이혹(원태학 阮太學 Nguyễn Thái Học)'이라는 거리와 만난다. '응웬타이혹' 거리는 또 '똔득탕(손덕승 孫德勝 Tôn Đức Thắng)' 거리와 '레주언(여순 黎筍 Lê Duẩn) 거리와도 만난다. '판쭈찐(반주정潘珠貞.Phan Chu Trinh)'은 '호안끼엠' 호수 남쪽으로 '쩐흥다오'(진흥도 陳興道 Trần Hưng Đạo) 거리와 만나는 거리 이름이다.

바딘 광장 옆에 있는 호앙반투 거리와 주석부

판딘풍 거리에 있는 수도탑. 프랑스군의 식수 공급용이었다.
이 거리에는 프랑스풍 건물이 많이 남아 있다.(위키백과)

'쩐흥다오'는 13세기 몽골군의 세 차례에 걸친 침략을 물리치고 풍전 등화에 놓인 나라를 구한 영웅 이름이다. 우리나라의 을지문덕이나 강감찬 장군 같은 인물이다. 베트남 역사 영웅 가운데 이 이름은 기억해야 한다. '똔득탕', '레주언' 등은 '호찌민'을 도와 프랑스와 미국과 벌인 인도차이나전쟁을 승리로 이끈 인물들이다.

먼저 '응웬타이혹'(완태학 阮太學 Nguyễn Thái Học)은 1927년 초등학교 교사 시절 베트남 국민당을 창당했다. 베트남 민족주의 운동이 혁명적 성격을 띠게 되면서 나타난 정당으로 중국 국민당 정부의 북벌 성공에 자극을 받아 중국식 혁명을 기치로 내걸었다.

———

여기서 학(學) 자에 대해 더 알아보자.

학급(學級 học cấp)은 '혹 껍'이 아니라 '껍 혹'이다. 수식어와 피수식어 어순 탓이라는 건 이미 공부했다. 학기(學期 học kỳ)는 '혹 끼'다. 학력(學力 học lực)은 '혹 륵'이다. 학문(學文 học văn)은 '혹반 (học vấn)'이다.

학비(學費 học phí)는 '혹 피'가 된다. 학생(學生 học sinh)은 '혹 신'이다. 학위(學位 học vi)는 '혹 비'가 된다. 학자(學者 học già)는 '혹 지아'다. 학점(學點 học điểm)은 앞뒤가 바뀌어서 '디엠 혹'이 된다.

학설(學說 học thuyết)은 '혹 투옛'이 된다. 학술(學術 học thuật)은 '혹 투엇'이다. 미술(美術 mỹ thuật)은 '미 투엇'이다. 음악(音樂)은 '엄 낙'이다.

여기서 한 발 더 나아가 설(說 thuyết) 자는 '투옛'이고 술(術 thuật) 자는 '투엇'이다. 주의가 필요한 발음이다.

건설(建設 kiến thiết)은 '끼엔 티엣'이다. 설교(說敎 thuyết giáo)는 '투옛 지아오'다. 설복(說服 thuyết phục)은 '투옛 푹'이다. 설립(設立 thiết lập)는 '티엣 럽'

베트남 국립 미술관 (위키백과)

으로 읽는다.

건설의 설(設 thiết) 자는 '티엣'이고 이야기한다는 설(說 thuyết)은 '투엣'이다.

'응웬타이혹' 거리에는 1937년에 지어진 베트남 국립 미술관이 있다. 추상화와 추상적 인상주의를 탐구하는 예술가들의 작품을 포함하여 20세기 후반과 21세기 초반의 작은 소장품을 전시하고 있다.

'판쭈찐'(반주정 潘珠貞 Phan Chu Trinh, 1872~1926)이라는 이름도 나왔다. 그는 '호찌민'의 선배이자 협력자였던 민족주의 성향의 독립운동 가다. 1920년 하노이에서 잡지에 베트남의 독립을 요구하는 논문을 쓴 혐의로 사형을 언도받았다. 이 사건은 호찌민'이 제국주의 강대국에 호

판보이쩌우 (위키백과)

소하는 것을 단념하고 공산주의로 기울게 되는 계기가 된다.

'판쭈찐'이 나오면 항상 같이 나오는 이름이 '판보이쩌우'(반패주 潘佩珠 Phan Bội Châu, 1867~1940)이다. 그는 1904년 베트남 유신회를 결성하였고, 원조를 요청하기 위해 1905년 일본으로 건너갔으나 실패하였다. 동유운동(東遊運動. 청의 개혁 운동에 영향을 받아 판보이쩌우가 베트남 유신회를 조직하고 청년들을 일본에 유학시키는 등 근대적인 개혁을 추진하던 운동)으로 베트남 청년들을 일본에 유학하게 하여 신사상을 보급하려 하였다. 이 시기에 유명한 <월남망국사>를 썼다. 1909년 일본에서 쫓겨나 타이(태국)로 망명했다. 이후 몇 번의 투옥을 겪으면서도 중국에서 베트남의 독립 운동을 이끌었다.

20세기초 베트남 민족주의 운동의 양대 산맥인 두 사람 '판쭈찐'과 '판보이쩌우'이다. '판보이쩌우'는 외세의 힘을 빌려 프랑스를 축출하고자 했으며 혁명적이었지만 군주제를 옹호했고, '판쭈찐'은 급진적이지는 않았지만 군주제 폐지론자였으며 국민교육과 프랑스의 도움을 받아 근대화를 이룬 다음 독립을 실현하려고 했다. (위키백과, 왜 호찌민인가)

월남망국사(越南亡國史)

베트남의 대표적 반식민지 혁명가 '판보이쩌우'가 일본 요코하마에 체류하고 있던 1905년에 쓴 한문책이다. 판보이쩌우와 량치차오가 나눈 대담을 같은 해 1905년 10월 중국 상하이의 광지서국에서 출판한 것이다. 당시 일본에 머물고 있던 대표적 중국 민족주의 혁명학자였던 량치차오

(梁啓超)가 중국에서 베트남 독립을 위한 지지를 촉구하며 '판보이쩌우'를 돕기 위해 이 책을 출간했다. 이 책은 주로 중국과 해외로 배포하기 위해 쓴 것이기도 하지만, 베트남 독립을 위해 사람들을 집결시키기 위해 베트남으로 몰래 밀반입해 유포할 목적도 있었다. 이 책은 '월남'이라는 단어를 대중화하는 데 도움을 주었다. (위키백과)

쩐흥다오(진흥도 陳興道 Trần Hưng Đạo)

베트남인들로부터 신처럼 존경받고 있는 역사적 인물이다. 본명은 '쩐꿕뚜언'(진국준 陳國峻 Trần Quốc Tuấn). 그는 1257년, 1285년, 1288년 세 차례에 걸친 몽골(원나라)의 베트남 침입을 물리친 장군이다. 당시 왕이 항전할 것인가 항복할 것인가를 놓고 우물거리고 있을 때 "항복하려거든 신의 목부터 베고 하시라"며 항전을 호소한 일화로도 유명한 인물이다. 그는 유격전으로 몽골족의 원나라군을 격파시켰다. 3백년전 '응오꾸옌'(오권 吳權 Ngô Quyền)의 '박당'(백등 白藤 Bạch Đằng) 강 전략을 택하여 강바닥에 끝이 뾰족한 말뚝을 박고 적 함대를 강기슭 깊숙이 유인한 뒤 썰물 때 꼼짝 못하게 된 적 함대를 공격, 침략자들을 격파시켰다. 그는 타고난 전략가로 필요하다면 언제라도 수도를 포기할 준비가 되어 있었다. 적이 강할 때에는 정면 대결을 피하고 게릴라 전법으로 이들을 괴롭히다가 상황이 호전되면 전면 공격을 하는 등 소수의 병력으로 강대국을 물리친 대 전략가였다. 베트남 사람들이 가장 존경하는 역사 영웅 가운데 한 사람이다.

그가 대몽항전 결의를 다지며 지었다는 격문에 그의 생각이 잘 담겨 있다.

"이제 나는 너희들에게 분명히 말해둔다. 마땅히 장작더미 밑에 불을 놓아둔 위기라고 여겨야 하고, 뜨거운 국물에 데어본 사람이 찬 나물도 불면서 먹듯이 경계해야 한다. 사졸들을 훈련시키고 활쏘기를 연습시켜서 모두가 봉몽(逢蒙 중국 신화에 나오는 명사수)이나 후예(后羿 봉몽의 스승)같은 명사수가 되도록 해야 한다. 필렬(必烈 쿠빌라이)의 머리를 대궐 아래 매달고, 운남왕(雲南王 쿠빌라이의 아들인 토곤)의 살점을 고가(藁街 한나라의 수도 장안의 남문에 있던 거리, 죄인의 목을 베어 효수하는 곳이었다)에서 썩게 해야 한다. (그렇게 된다면) 나의 채읍(식읍)이 길이 전해질 뿐 아니라 너희들의 봉록 또한 종신토록 주어질 것이다. 나의 권속(眷屬)들이 편안한 잠자리를 얻게될 뿐만 아니라 너희들의 처자식 또한 평생을 함께할 것이다." (위키백과)

500동 지폐에도 얼굴이 오른 바 있는 쩐흥다오. 지금은 호찌민 주석의 얼굴이 새겨진 지폐만 통용되고 있어 이 지폐가 쓰이지 않는다. 화폐 단위인 '동'은 예로부터 베트남에 구리가 풍부하여 지어진 이름이라고 한다. 베트남의 국보 가운데 동으로 만든 북(동고)이 유명하다. (박순교, 위키백과)

500동 지폐의 쩐흥다오

응오꾸옌(오권 吳權 Ngô Quyền)

'응오꾸옌'은 938년 군사를 일으켜 '하롱'(下龍) 만으로 흘러드는 '박당' 강에서 중국 함대를 격퇴시키고 1천 년 동안에 걸친 중국의 지배를 종식시켰다. 강입구에 말뚝을 박아 놓고 만조 때 끌어들인 중국 함대를 간조 때에 맞춰 공격해 물리친 전설처럼 내려오는 베트남 항중 역사의 한 장면이다.

'응오꾸옌'이 중국의 침략을 물리친 유명한 '박당'강 전투의 '박당'은 한자로는 백등(白藤 Bạch Đằng)이다. 흰 백(白) 자도 발음은 '박'이고 북쪽이라는 북(北)도 발음은 '박'이다. 성조로 구분해야 한다. 지명에 '박마'도 있다. 한자로는 백마(白馬 bạch mã)다. '박하이'는 북해(北海 bắc hải)다.

'응오꾸옌'은 베트남 최초의 황제였다. 그러나 '응오꾸옌'이 죽은 후 12명의 군웅들이 할거했으나 가장 세력이 큰 '딘보린'(정부령 丁部領 Đinh Bộ Lĩnh)이 다른 제후들을 제압하고 '딘' 왕조를 세웠다. 역사는 그를 '딘띠엔호앙'(정선황 丁先皇 Đinh Tiên Hoàng)이라고 기록하고 있다. '딘띠엔호앙'은 국호를 '다이꼬비엣'(대구월 大瞿越 Đại Cồ Việt)으로 하고 수도를 하노이에서 20여km 떨어진 '호아르'(화려 華閭 Hoa Lư)에 정하였다.

일부 역사가들은 '응오꾸옌'이 제도는 물론 복식까지도 중국식을 따랐다는 점을 들어 진정한 베트남의 독립은 '딘보린'이 황제를 칭한 966년이라고 주장하기도 한다. (위키백과, 베트남견문록)

오(吳 응오 'Ngô') 와 오(五 응우 ngũ)와의 발음

'응오반남'이라는 이름도 알아두자. 한자로는 오문오(吳文五)이고 베트남어로는 'Ngô Văn Năm'이다. 여기서는 다섯 오(五 ngũ) 자를 '남'으

응오꾸옌 상(위키백과)

로 읽는다. '못 하이 바 본 남'으로 세면 5는 '남'이 된다. 우리말의 다섯과 같다고 보면 된다. 반면 '팜응우라오'라는 이름에서는 범오로(范五老. Phạm Ngũ Lão)다. 여기서는 한자어 '오'로 읽은 것이다. 발음은 '응우'이다. 우리처럼 5를 오(五 ngũ)와 다섯으로 읽는 것과 같다. 하지만 사람의 성 '오'(吳 Ngô)는 '응오'로 읽어야 한다.

'바딘'(파정 波亭 Ba Đình) 광장 왼 편으로 '응옥하' 라는 지명이 있다. 한자로는 옥하(玉河 Ngọc Hà)다. '옥하정'(玉河亭)이라는 정자 이름을 딴 것이다. 여자 이름에 많이 들어가는 옥(玉 Ngọc) 자는 '응옥'으로 읽는다.

'응옥하'(玉河 Ngọc Hà)에서 더 서쪽으로 가면 '빈푹' 지역이 있다. '빈푹'은 한자로는 영복(永福. Vĩnh Phúc)이다.

여자 이름에 많이 들어가는 글자로 꽃 화(花 hoa) 자가 있다. 우리와 거의 발음이 거의 같지만 '호아'에 가깝다. 화차(花茶 hoa trà)는 '짜호아'다. 명사가 앞에 오기 때문이다. 화원(花園 hoa viên)은 '비엔호아' 정도가 된다.

다른 '화' 자도 살펴보자.

화교(華僑 Hoa kiều)는 '호아 끼에우'가 된다. 보트피플로 불리며 베트남 통일을 전후해서 외국으로 나가 정착한 베트남인들을 '비엣 끼에우'라고 한다. 한자로는 월교(越僑 Việt kiều)라고 쓴다.

화력(火力 hỏa lực)은 '호아 륵'이다. 파생어 수력(水力 thủy lực)은 '투이 륵'이다. 화석(化石 hóa thạch)은 '호아 탁'이라고 한다. 화학(化學 hóa học)은 '호아 혹'이다. 화평(和平 hòa bình)은 '호아 빈'이다.

'영' 자가 들어가는 다른 단어도 보자.

영사(領事 lãnh sự)는 '란스'다. 총영사(總領事)는 '똥 란스'가 된다. 한국영사관(韓國領事館 Hàn Quốc lãnh sự quán)은 '란스꽌 한꾁'으로 앞뒤를 바꿔 읽는다.

영토(領土 lãnh thổ)는 '란 토'가 된다. 영해(領海 lãnh hải)는 '란 하이'가 된다. 영혼(靈魂 linh hồn)은 '린 혼'이다.

또 '원' 자는 화원(花園. hoa viên)의 원이나 영원(永遠. vĩnh viễn)의 원이나 모두 '비엔'으로 발음한다.

복(福. phúc) 자는 한자 문화권에서 제일 선호하는 글자 가운데 하나인 만큼 베트남에서도 많은 용례를 볼 수 있다.

발음은 '푹'이다. 복음(福音. Phúc Âm)은 '푹엄'이 된다. 그렇다면 음색(音色. âm sắc)은 '엄삭'이 되고 음악(音樂. âm nhạc)은 '엄냑'이 된다.

다른 '복' 자에서는 복병(伏兵 phục binh)은 '푹 빈'이 된다. 복수(復讐 phục thù)는 '푹 투'로 읽는다. 복잡(複雜 phức tạp)은 '픅 땁'이다.

하노이 대우호텔. '바딘'군 껌마 거리에 있다. 옆은 대하비즈지스센터. (위키백과)

과거 베트남에서 한동안 우리나라를 상징하는 건물로 군림해 온 '하노이 대우호텔'이 있는 거리 이름은 '껌마'다. 한자로는 금마(金馬 Kim Mã)다. 금(金 kim)은 '껌'으로 읽는다. 금전(金錢 kim tiền)은 '껌띠엔'이고 금성(金星 kim tĩnh)은 '껌띤'이다.

하노이 대우호텔

1992년 한-베트남 국교재개 후 한동안 대사관 등 베트남 내 한국 기관의 집결지였다. 대우그룹이 잘 나가던 시절, '김우중' 회장의 진두지휘로 현지 기업과 합작하여 만든 베트남 최초의 별 다섯 개짜리다. 국빈 방문 시 단골 숙소로 활용되던 곳이다. 우리 대통령뿐만 아니라 미국 대통령도 이곳에 머물렀다. 2000년대 들어서 바로 길 건너에 롯데가 호텔과 백화점 등이 복합 건물, 하노이 롯데센터를 지었다. 또 이 호텔의 경영권

롯데센터하노이 (위키백과)

을 가진 대우건설이 베트남 국영기업인 '하넬'에 소유 지분의 70%를 매
각하는 계약을 체결함으로써 베트남 내 한국 열풍의 상징과도 같은 하
노이대우호텔의 신화는 막을 내리게 됐다. 1996년 지어진 호텔로 지상
18층에 411개의 객실을 갖추고 있다.

'롯데센터하노이'는 2010년에 착공, 2014년에 준공됐다. 1만4,000여㎡
부지에 지하 5층~지상 65층 규모로 조성됐으며 지하 1층에는 롯데마트,
지상 1층부터 6층까지는 롯데백화점이 입점해 있다. 고층부에는 오피스
와 서비스 레지던스, 318실 규모의 롯데호텔이 들어섰다. 최상층인 65층

주 베트남 대한민국 대사관 홈페이지

에는 전망대와 스카이워크, 베트남 하노이 최고층 옥외 레스토랑 '탑오
브하노이'가 자리 잡았다. 사진 왼쪽 아래 흰색의 두 건물이 위에서 설명
한 하노이 대우호텔과 대하비즈니스센터이다.

　하노이의 한국인 집단 거주지역은 '미딘'과 '쭝호아' 지역 두 곳이다.
'미딘'은 뉴 코리아타운이고 '쭝호아'는 올드 코리아타운이다. 호찌민에
도 '떤선녓' 공항 부근에 있는 '수퍼볼'이 올드 코리아타운이고 7군 '푸미
흥'에 있는 것이 뉴 코리아타운이다.
　'미딘'은 '바딘'(파정. 波亭. Ba Đình) 광장에서처럼 '딘'은 '정'(亭)이다.
'미'는 아름다울 '미'(美) 자를 쓴다. 경남기업에서 지은 랜드마크72 바로
옆 동네다.

미딘 지역 한인타운의 중심인 송다 단지(인터넷 블로그)

이곳에는 수십 층짜리 초대형 아파트 단지가 밀집돼 있고 한국인들의 체류가 급속도로 늘어나고 있는 곳이다. 아파트라고 하면 주거전용이 아니라 최고층 주상복합이 주류를 이룬다. 또 거리에 나가보면 베트남 사람보다 한국인들이 더 많고 상가 간판들도 한글로 돼 있어서 베트남어를 몰라도 생활하기에 불편함이 없다. 특히 한국 상품을 주로 파는 K마트에 가면 국내에서도 보기 힘든 상품들까지 잘 갖추고 있어 이곳이 베트남이라는 생각을 싹 가시게 할 정도다.

상가를 돌아보면 부동산, 음식점, 마사지샵 등이 즐비하다. 음식점도 특히 베트남에서 맛있는 돼지고기를 원료로 쓰는 삼겹살집과 치킨집이 많다. 한국인의 입맛이 돼지와 닭 선호이기 때문이다. 소고기도 한국처럼 맛만 있다면 소고기집도 많겠지만 베트남 소고기는 맛이 별로여서 수입산을 먹어야 하니 가격도 맞추기가 어렵다. 특히 이곳에는 한국쇼핑객을 위한 '짝퉁' 샵도 성업 중이다. 품질도 A급이다. '호찌민'의 '사이공스퀘어'(호찌민 편 참조)에 못지 않다.

왕조시대 필요한 말을 길렀던 데서 이름 붙여진 '낌마' 거리 아래 길은 '라탄' 거리다. 한자로는 라성(羅成. La Thành)이다. 고울 라(羅) 자는 그대로 '라'로 읽는다. 북부 지방에 있는 '선라'성은 한자로 산라(山羅)다. 서호(西湖. Hồ Tây. 호떠이)의 서쪽에 있는 '쑤언라'(Xuân La)라는 지역은 한자로 춘라(春羅)라고 쓴다.

———————

산(山) 자를 알아보자. 산수(山水 sơn thủy)는 '선 투이'다. 수력(水力 thủy lực)은 '투이 륵'이다. 수산(水産 thủy sản)은 '투이 산'이 된다. 산과 강이라는 뜻의 산하(山河 sơn hà)는 '선 하'다. 또 산신(山神 sơn thần)은 '선 턴'이다.

산(産) 자는 그대로 '산'으로 읽는다. 산모(産母 sản mẫu)는 산부(産婦 sản phụ)와 같은 뜻이다. 산부는 '산 푸 (sản phụ)'가 된다.

산물(産物 sản vật)은 '산 벗'이 된다. 산출(産出 sản xuất)은 '산 쑤엇'이 된다.

'낌마'와 '라탄' 이 두 거리 사이에는 '쟝보' 호수가 있다. 한자는 강무(講武. Giảng Võ)다. 무(武) 자는 '보'로 읽는다. '디엔비엔푸' 전투의 영웅, '보응웬지압'(무원갑. 武元甲. Võ Nguyên Giáp) 장군의 이름에 들어있는 '보'도 한자로는 무(武) 자다.

'바딘(波亭 Ba Đình)'군에 또 한국인들이 자랑할 수 있는 명소가 생겼다. 바로 '팜훙(范雄 Phạm Hùng. 1987~1988년 총리 재임)' 거리에 경남기업이 지은 '랜드마크72'다. 이 건물에는 인터컨티넨탈 호텔이 들어서있다.

AON랜드마크72 (위키백과)

   'AON랜드마크72'는 하노이 최고층 건물이다. 구 '경남랜드마크72'이다. '하노이' 정도(定都) 1000년이 되는 2010년을 맞아 시작한 '하노이 밀레니엄' 프로젝트사업의 하나로 48층짜리 아파트 2개 동과 72층(346m) 규모 복합빌딩 1개 동으로 구성됐다. 현대건설이 2010년 11월 '호찌민'에 완공한 '비텍스코파이낸셜타워'(68층. 262m)보다 84m가 높다. 건축 연면적도 60만8946m²로 여의도 63빌딩의 3.5배에 이른다. 복합빌딩에는 호텔, 오피스, 서비스드레지던스 등이 들어서 있다. 그러나 호찌민시의 '빈홈시티' 단지 내 '랜드마크81'에 1위 자리를 내주었다. 이 건물의 주인도

롱비엔 다리의 역사 표식

경남기업의 경영 악화로 2016년 4월 구조조정 전문기업으로 알려진 에이오엔비지엔(AON BGN)으로 바뀌어 이름도 바뀌었다. (위키백과. 종합)

'바딘'(波亭 Ba Đình)군 왼쪽은 행정구역상으로 '꿘 꺼우지어이'다. 한자로는 '지교군(紙橋郡 Quận Cầu Giấy)'이다. 종이라는 뜻의 한자 지(紙. giấy)는 '지어이' 정도로 읽고, 다리라는 뜻의 교(橋 cầu) 자는 '꺼우'로 소리가 난다. 다리가 있으면 어김없이 이 '꺼우'라는 글자가 맨 앞에 붙는다. 앞에서 설명한 것처럼 수식어는 뒤에 가고 피수식어가 앞에 나오는 베트남어의 원칙 때문이다. '홍'강을 가로지르는 철교의 이름이 '꺼우 롱비엔'이 되는 이유다. 한자로는 륭변(隆邊 Long Biên)이다.

롱비엔 다리(龍邊=隆邊. Cầu Long Biên)

'롱비엔' 다리는 1899년에 시작돼 1902년 준공된 100살도 넘은 다리다. '홍'강에 놓인 최초의 철교다. 2개 차선, 2개 보행선 그리고 가운데는 철도로 되어 있다. 길이는 1,860m다. 홍강을 가로지르는 1,680m 길이의 철

롱디엔 다리

교이다. 프랑스 식민지 시대에 '하이퐁'과 '하노이'를 철도로 연결할 목적
으로 만들어졌고, 베트남전쟁 동안 미군에 의해 반복적인 폭격을 받아
파괴되었다가 복구되어 오늘날에도 이용되고 있다. '롱비엔'(龍邊)은 '용
이 뛰는'이라는 의미다. 파리의 에펠탑을 디자인한 '에펠'이 설계했다는
설도 있지만, 진상은 불분명하다. (위키백과)

이 다리는 남북 베트남 사이 물자 이동을 담당했고 '하노이'와 '하이퐁'
간 물류의 주요 통로였다. 따라서 베트남전쟁 기간 중 수십 차례 미군으
로부터 폭격을 받았다. 이 '롱비엔' 대교를 폭격

존 매케인 (위키백과)

했던 미군 해군 조종사 가운데 '존 매케인' 전
상원의원이 있었다. 1967년 10월 포로로 잡혔
다가 1973년 석방됐다. 그는 2008년 미국 대통
령선거에서 오바마와 맞붙었다. (위키백과)

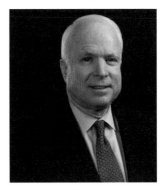

호아로(화로 火爐 Hỏa Lò) 감옥

하노이 '호아로' 감옥은 '하노이 힐튼'이라는 별명으로 더 유명하다. '호아로'(화로 火爐 Hỏa Lò. 중국인들은 중화의 '화' 자를 넣어 '華盧'로 쓴다.)라는 이름은 흔히 '불붙은 용광로'(火爐) 또는 '옥실'(獄室)로 번역 되기도 하며, 또한 '화로'(火爐)를 의미하기도 한다. 이름은 '호아로' 거리 (phố Hỏa Lò)라는 이름에서 유래했으며, 프랑스 식민지 시대에 이 거리 에서 '목재난로'와 '석탄난로'를 판매하는 상점이 몰려 있어서 '호아로'라 는 이름이 붙여졌다. 불 화(火) 자가 들어가는 낱말로 화력(火力 hỏa lực)은 '호아 륵'이다. 수력(水力 thủy lực)은 '투이 륵'이다.

호아로 감옥은1886년부터 1901년에 이르기까지 프랑스인들에 의해 건설되었다. 당시 베트남은 프랑스령 인도차이나의 일부였다. 프랑스인 들은 감옥을 '메종 상트랄'(Maison Centrale), 말 그대로 '가운데 집'이 라고 불렀는데, 프랑스는 이곳에 특히 고문과 처형의 대상이 되는 베트 남 수감자, 독립정신에 찬동하는 정치범들을 수용했다. 우리의 서대문 형무소처럼 20세기 전반기 수많은 애국지사들이 이곳에서 생을 마감했 고 1930년대와 1940년대 공산주의 지도자급 인사들이 이곳에서 고통을 겪었다. '쯔엉찐'(장정 長征 Trường Chinh), '레주언'(려순 黎笋 Lê Duẩn), '응웬반린'(완문령 阮文靈 Nguyễn Văn Linh), '도무어이'(두매 杜梅 Đỗ Mười) 등 지도자들이 대거 수감생활을 했다. 1954년 하노이 수복 때까지 그랬다.

베트남전쟁 시기에 이곳은 미군 포로들을 수용하기도 했다. 이들 중 가장 유명한 인물이 앞에 나오는 '존 매케인' 전 상원의원이다. 처음부터 미군 포로는 열악한 식사와 비위생적인 환경 같은 비참한 상황을 감내했 다. 이 감옥은 미국 포로들에 의해 유명한 호텔 체인 힐튼 호텔을 조소적 으로 참조한 '하노이 힐튼'이라는 별명을 얻어 더 유명해졌다. (위키백과.

미군들로부터 하노이 힐튼으로 불렸던 호아로 감옥 (위키백과)

호아로 감옥 입구에 붙어 있는 메종 상트랄 프랑스 간판 (위키백과)

하노이 오페라하우스 (위키백과)

지오인사이트하노이)

하노이 오페라하우스는 프랑스 식민지 시절인 1901년부터 1911년 사이에 세워진 건축물로 바로크 양식으로 지어졌으며, 프랑스 식민지 관리들이 콘서트와 공연 등을 보기위해 건축했다. 재미난 것은 1999년 개장한 오페라하우스 옆 '힐튼 하노이 오페라 호텔'이 베트남전쟁과 관련된 역사적인 장소인 '호아로' 감옥의 별칭이 '하노이 힐튼'이라는 이유로 '하노이 힐튼'이라는 이름을 쓰지 못한 것이다. (위키백과)

'하이바쯩'(이파징 二婆徵 Hai Bà Trưng)군 서쪽으로는 '동떰'이라는 지역이다. 한자로는 동심(同心 Đồng Tâm)이다. 인근에는 '동년'이라는 곳도 있다. 한자로는 동인(同人 Đồng Nhân)이다.

사람 인(人 nhân)을 포함해 어지간한 인 자는 대부분 '년'으로 소리 난다.

인도(人道 nhân đạo)는 '년다오'로 읽는다. 인생(人生 nhân sinh)은 '년신'이 된다. 인격(人格 nhân cách)은 '년 깍'이 된다. 인공(人工 nhân công)은 인조(人造 nhân tạo)의 뜻이므로 '년 따오'가 된다.

인과(因果 nhân quả)는 '년 꽈'다. 인권(人權 nhân quyền)은 '년 꾸엔'이다. 인력(人力 nhân lực)은 '년 륵'이다. 고급인력(高級人力 cao cấp nhân lực)은 '년 륵 까오 껍'이 된다. 인류(人類 nhân loại)는 '년 로아이'다. 인물(人物 nhân vật)은 '년 벗'이 된다.

인민(人民 nhân dân)은 '년 전'이다. 민족(民族 dân tộc)은 '전 똑'이다. 민주(民主 dân chủ)는 '전 쭈'가 된다. 인사(人事 nhân sự)는 '년 스'다. 인심(人心 nhân tâm)은 '년 떰'이다.

인재(人材 nhân tài)는 '년 따이'다. 인품(人品 nhân phẩm)은 '년 펌'이 된다.

길 도(道 đạo) 자는 '다오' 정도가 된다. 도덕(道德 đạo đức)은 '다오 득'이 되고 공중도덕(公衆道德 công chúng đạo đức)은 '다오득'에 공공이라는 뜻의 '꽁꽁'이 붙어서 '다오 득 꽁 꽁 (đạo đức công cộng)'이 된다. 도로(道路 đạo lộ)는 '다오 로'가 된다.

하노이 시내에는 'ㅇㅇ딘'이라는 지명이 많다. '바딘' '미딘'의 딘과 같은 글자다. 하노이 서쪽 끝자락에 '미딘'이라는 지명이 있다. 종합경기장이 있고 신흥 주거지로 각광받는 곳이다. 한자로는 미정(美亭 Mỹ Đình)이다. 최근 한국인들이 몰려들어 '뉴 코리아타운'이 형성된 곳이다. 좋은 집도 많고 임대료나 매매가도 엄청나게 비싼 동네다.

이곳을 지나는 길 이름도 익숙하다. '레득터'(려덕수 黎德壽 Lê Đức
Thọ) 길이다. '레득터', 60년대 말과 70년대 초 미국의 '헨리 키신저'와 접촉
을 통해 베트남전쟁 종전의 길을 튼 인물이다.

레득터(려덕수 黎德壽 Lê Đức Thọ)

1911년생이다. 본명은 '판딘카이'(반정개 潘廷凱 Phan Đình Khải)이
다. 1929년 인도차이나 공산당에 입당하였다. 1955년 베트남 노동당 정
치국원 겸 서기국원에 선출되었다. 1968년 남부 중앙국 부서기가 되고
직후부터 파리 평화협정 교섭에 임했는데 미국의 대통령 보좌관 '헨리 키
신저'와 교섭을 이끌어 성공했다. 그 공로로 1973년 키신저와 함께 노벨
평화상 수상자로 지명되었지만 "베트남에 아직 평화가 오지 않았다"는
이유로 수상을 거절하여 화제가 되었다. 1976년 베트남 공산당 정치국
원 겸 서기국원이 됐다.

'하딘'도 있고 '트엉딘'도 있다. 이들 단어에 해당하는 한자는 하정(下
亭 hạ đình), 상정(上亭 thượng đình) 등이다. '하딘' 아래에는 '낌쟝'이
라는 곳도 있다. 한자로는 '낌마'라고 할 때처럼 금(金 kim) 자를 쓰고
'쟝'은 강(江 giang) 자다. 그래서 금장(金江 Kim Giang)이다. '낌쟝' 아
래 쪽으로는 '다이낌' 지역이 나온다. '다이'는 큰 대(大 đại) 자다. 그래서
대금(大金 Đại Kim)이다.

레득터와 키신저 (위키백과)

'낌쟝'이나 '다이낌'이 있는 지역
은 행정구역상으로는 '탄찌' 현이다.
한자로는 청지(淸池. Thanh Trì)라
고 쓴다.

'트엉딘' 쪽으로는 '응웬짜이'(완
치 阮廌 Nguyễn Trãi. 1380~1442)

길이 나 있다. '응웬짜이'는 앞에서 살펴본 것처럼 15세기 '레러이'(려리 黎利 Lê Lợi)를 도와 '레'왕조 건립에 공헌한 개국공신이자 대학자이며 정치가다.

'낌마' 거리 인근에는 '랑' 이라는 거리가 있다. 한자로는 량(凉)이다. 이 길을 따라 '랑트엉'과 '랑하' 지역이 있다. 한자로는 짐작이 갈 것이다. 량 상(凉上 Láng Thượng), 량하(凉下 Láng Hạ)다. 이미 살펴본 것처럼 상(上 thượng) 자는 '트엉'이고 하(下 hạ) 자는 그대로 '하'다.

아름답다는 뜻의 미(美 mỹ) 자는 우리 발음과 같다. 미덕(美德 mỹ đức)은 '미득'이 되고 미려(美麗 mỹ lệ)는 '미레'로 읽는다. 덕(德) 자는 '레득터'에서 이미 살펴봤다.

하등(下等 hạ đẳng)은 '하당'이다. 하급(下級 hạ cấp)은 '하껍'이다. 하류(下流 hạ lưu)는 '하르우'다. 그럼 상류(上流 thượng lưu)는 '트엉르우'로 읽는다.

위 상(上 thượng) 자는 '트엉'으로 읽어야 한다. 상하(上下 thượng hạ)는 '트엉 하'가 된다. 상품(上品 thượng phẩm)은 '트엉펌'으로 읽는다. 상원(上院 thượng viện)은 '트엉 비엔'이다. 하원(下院 hạ viện)은 '하 비엔'이다.

상금(賞金)은 '띠엔 트엉 (tiền thưởng)'이 된다. 상으로 받는 돈이니까 수식어인 '상'이 뒤에 위치하는 것이다. 돈을 뜻하는 전(錢 tiền) 자가 금(金 kim) 자 대신에 쓰였다.

'원' 자도 살펴보자. '원' 자는 거의 '응웬'으로 읽는다. 그러나 멀 원(遠) 자는 '비엔'으로 읽고, 동산 원(園) 자도 '비엔'으로 읽는다. 원조한다는 원(援) 자 역시 '비엔'이다.

원리(原理 nguyên lý)는 '응웬 리'라고 한다. 원문(原文 nguyên văn)은 '응웬 반'이 된다. 문(文)는 '반'이다. 문학(文學 văn học)은 '반 혹'이 된다.

원시(原始 nguyên thủy)는 '응웬 투이'가 된다. 원인(原因 nguyên nhân)은 '응웬 년'이다. 원칙(原則 nguyên tắc)은 '응웬 딱'이라고 한다.

한편 원양(遠洋 viễn dương)도 '응웬'이 아니라 '비엔'이다. '비엔 즈엉'이다.

이 근처에는 '탄꽁'이라는 지역도 있다. 같은 이름의 호수도 있다. 한자로는 성공(成功 Thành Công)이다. 베트남 자동차 회사 가운데도 '탄꽁'이라는 회사가 있다.

하노이에는 청춘(靑春 Thanh Xuân)군도 있다. 베트남어로는 '탄쑤언' 정도로 읽는다. 그 구역 안에는 탄쑤언쭝, 탄쑤언박, 탄쑤언남 등의 지역이 있다. 예상하는 대로 한자로는 청춘중(靑春中 Thanh Xuân Trung), 청춘북(靑春北 Thanh Xuân Bắc), 청춘남(靑春南 Thanh Xuân Nam) 등이다.

———————

성패(成敗 thành bại)는 '탄바이'로 읽는다. 성립(成立 thành lập)은 '탄럽'이다. 성년(成年 thành niên)은 '탄니엔'이다. 성조가 다르지만 청년(靑年 thanh niên)도 발음만으로는 '탄니엔'으로 읽는다. 성공(成功 thành công)은 '탄 꽁'이다.

성립(成立. thành lập)에서 립(立 lập) 자는 '럽'으로 읽는다. 자립(自立. tự lập)은 '뜨럽'으로 읽고 독립(獨立. độc lập)은 '독럽'이 된다.

성스럽다는 성(聖) 자로, 성경(聖經 thánh kinh)은 '탄 낀'이다. 성당(聖堂

thánh đường)은 '탄 드엉'이다. 성모(聖母 thánh mẫu)는 '탄 마우'다.

청춘의 '청' 자와 다른 '청' 자도 살펴보자.

청각(聽覺 thính giác)은 '틴 지악'이다. 청구(請求 thỉnh cầu)는 '틴 꺼우'다. 청혼(請婚 thỉnh hôn)은 '틴 혼'이다. 보통 구혼(求婚)이라고 한다. '꺼우 혼 (cầu hôn)'이다.

반면 청렴(淸廉 thanh liêm)은 '탄 리엠'이다. 청산(淸算 thanh toán)은 부채나 채무를 해소한다는 뜻이다. '탄 또안'이다.

살펴본 것처럼 '청' 자는 '탄 thanh'이나 '틴 thỉnh'으로 읽는다. 푸르다는 청(靑 thanh) 자와 맑다는 청(淸 thanh) 자는 '탄'으로 읽는다. 청구한다는 청(請 thỉnh) 자나 듣는다는 청(聽 thính) 자는 '틴'이다.

'호 떠이' 왼쪽은 '뜨리엠' 지역이다. '박(北)뜨리엠'군과 '남(南)뜨리엠' 군으로 나뉜다. 대한민국 대사관은 박뜨리엠 지역 외교단지에 있다. '뜨리엠'은 한자로는 자렴(慈廉 Từ Liêm)이다. 새로 옮긴 대한민국 대사관은 '북자렴'군에 있다. 베트남어로는 '박뜨리엠'군이다. 박과 남 '뜨리엠' 군 사이에 '꺼우지어이'군이 끼어 있다.

우리 식으로는 '지교군'(紙橋郡 Quận Cầu Giấy 꿴 꺼우지어이)이다. 이를 베트남어로 읽으면 '지어이꺼우 꿴'이지만 수식을 받는 말이 앞선다는 베트남어 어법에 따라 '꿴 꺼우지어이'가 된다. 다음 이 군(郡)의 이름인 '지교'(紙橋)가 뒤따르는데 여기서도 '종이 다리'라는 뜻에서 다리가 앞으로 나와 '교지'가 되며 베트남어로는 '꺼우지어이'가 되는 것이다. 다른 군을 읽을 때도 베트남어로는 군(郡) 즉 '꿴'이 맨 앞으로 나온다.

북과 남은 앞에서 살펴 본대로 '박'과 '남'이다. '박뜨리엠'에서 아래쪽의 '꺼우지어이' 군에 이르는 남북을 잇는 길 이름은 '팜반동' 길이다. 한자로는 범문동(范文同 Phạm Văn Đồng) 이다. 경남건설이 지은 랜드마크72가 우뚝 서 있는 곳이 '남뜨리엠'군이다

'팜반동'(범문동 范文同 Phạm Văn Đồng)은 1955년부터 1987년까지 32년간 베트남의 총리를 지냈다. 최장수 총리다. 1954년 프랑스와의 제네바 협정에서 '호찌민' 정부의 대표단을 이끌었다. 이후 부총리 겸 외무장관에 취임하였으며, 또 1955년 총리직을 계승하였다. 특히 1969년 '호찌민'이 세상을 떠난 뒤 '쯔엉찐' 국민의회 상임위의장, '레주언' 베트남 공산당 제1서기 등과 집단지도 체제를 구성한 인물이다.

호찌민 사후 집단지도체제의 일원이었던 '쯔엉찐'(장정 長征 Trường Chinh)은 1941년부터 1956년까지 통일 이전의 베트남 민주공화국의 베트남노동당의 서기장을 지낸데 이어 통일 이후에도 친소련파인 '레주언'(여순. 黎筍. Lê Duẩn) 서기장의 뒤를 이어 1986년에 서기장에 오른 인물이다. 1981년부터 1987년까지 국가 주석직도 맡아보았다. 1907년생이다. 중국 공산당의 지도자 '마오쩌둥'의 대장정을 본떠 자신의 이름을 '당쑤언쿠'(등춘구 鄧春區 Đặng Xuân Khu)에서 장정을 의미하는 '쯔엉찐'으로 바꾸었다. 1951년 베트남 노동당의 제1서기가 되었다. 1976년 국회의장·신헌법 기초 위원회 위원장이 되었다.

베트남 공산당 최고 지도부 내에서 교조주의, 좌익 편향론, 마오쩌둥주의를 표방하고 친중노선을 걸으며 과격한 토지개혁을 추진해 한 때 실각하기도 했다. 1980년대 경제가 대공황에 빠진 이후에는 경제 개혁의 강력한 추진론자가 되었다. 베트남의 개혁정책인 '도이머이'(Đổi mới)시대 개막의 바탕을 마련했다는 평가를 받고 있다. (위키백과, 최병욱 베트남 근현대사)

정치적 전성기 시절 팜반동/ 공산 혁명기의 호찌민과 팜반동(왼쪽) (위키백과)

도이머이(Đổi mới renovaton 또는 innovation 쇄신이라는 뜻)

　'도이머이'는 1986년에 베트남 공산당 제6차 전당대회에서 건의된 슬로건이며, 공산주의 기반의 혼합 경제의 목표를 달성하기 위해 주창한 개혁 개방 개념이다. '도이머이' 정책이라고 하면, 이러한 베트남의 개혁 개방을 일컫는 말이다. 주로 경제(가격 안정, 국제분업형 산업구조, 생산성의 향상), 금융 면에서 새로운 방향 전환을 목표로 하는 것이다.

　'도이머이'를 성공으로 이끈 배경은 베트남 농업의 현실이었다. 베트남 공산당은 1993년 4월 사실상 각 농가가 농업 형성의 기본 단위인 것을 인정했다. 이 결의에 따라서 농업 경영의 기본적 단위를 집단 농업으로 하는 것은 끝났다. 베트남 공산당은 사실상 공산주의로부터의 이탈을 결정한 것이다. 사실, '도이머이' 이후 혼합 경제의 도입이나 대외개방정책이 도입되어 큰 경제적 성과를 거두었다. (위키백과)

쯔엉찐의 젊은 시절과 80년대의 쯔엉찐 (위키백과)　　　　쯔엉찐의 젊은 시절과
　　　　　　　　　　　　　　　　　　　　　　　　　　　　80년대의 쯔엉찐 (위키백과)

레주언(려순 黎筍 Lê Duẩn)

1907년생. 1920년대 후반, 철
도원으로서 일하면서 애국운동
에 참가하기 시작했다. 1960년
당 제 1서기로 취임. '호찌민' 주
석에 이은 2인자 지위에서 베트
남전쟁 시기의 노동당을 지도했
다. 베트남 공산당 내에서 친 소
련파의 대표적 인물이다. 1976년
베트남 공산당 서기장으로 취임
했다. 보수 강경파의 대표주자로
남베트남의 급속한 사회주의화

제1서기 시절의 레주언 (위키백과)

를 추진하여, 계획경제에 의거 하는 사회주의 경제 시스템의 관철을 목
표로 했다. 1978년 캄보디아 침공을 결행, 중국의 반발을 불러일으켰다.
그의 외교 정책은 국제적인 고립을 불러, 경제 침체의 원인이 되었다.
1986년 사망했다.

'레'(려 黎) 자에 대해 복습하자. '레주언', '레라이', '레러이' 등은 앞에
서 한 번 나온 이름이다. 순서대로 한자로는 려순(黎筍 Lê Duẩn), 려래
(黎來 Lê Lai), 려리(黎利 Lê Lợi) 등이다. '레탄똔'은 려성종(黎聖宗 Lê
Thánh Tông)이 된다.

량(良 lương) 자는 '르엉'이다. 양호(良好. lương hảo)는 '르엉하오' 정도로 읽

을 수 있다. 양민(良民 lương dân)은 '르엉 전'이다. 국민이라고 할 때의 민(民 dân) 자는 '전'으로 읽는다. 그래서 국민(國民)은 '꿕 전'이다. 양심(良心 lương tâm)은 '르엉 떰'이다.

양력(陽曆 dương lịch)은 '즈엉 릭'이다. 음력(陰曆 âm lịch)은 '암 릭'이다. 양성(陽性 dương tính) 반응이라고 할 때의 양성은 '즈엉 띤'이 된다. 양로(養老 dưỡng lão)는 '즈엉 라오'다. 양육(養育 dưỡng dục)은 '즈엉 죽'이다.

결국 '량' 자는 量이나 良이나 '르엉'이라고 읽는다. 양력(陽曆 dương lịch)이나 양로(養老 dưỡng lão)에서는 '즈엉'으로 쓴다.

2. 하노이 주변 북부지역

타이응웬성

'하노이' 바로 위 정북 방향으로 있는 것이 '타이응웬'성이다. 한자로는
태원(太原 Thái Nguyên)이다. 이곳은 산악 내륙 지방이다. 이 지방은 차
산업의 중심지이기도 하다. 이곳에서 생산된 차는 베트남 최고 품질로
유명하다.

타이응웬(태원 太原 Thái Nguyên)성

타이응웬시는 베트남 북부에서 하노이, 하이퐁 다음 3대 도시이다. (위키백과)

박쟝성

'타이응웬'성의 오른쪽이 '박쟝'성이다. 강(江) 자는 '쟝'과 '지앙'의 중간 정도 발음이다. 한자로는 북쪽의 북(北. Bắc)자와 강(江. Giang)이 합쳐진 북강(北江)이다. '박쟝'성은 농업의 비중이 크며 점차 특히 열대 과일의 산지로 명성을 얻어왔다. 1962년 '박쟝'성은 '박닌'성과 합병되었다가, 1997년 부활했다.

'태'의 베트남어 발음은 대부분 '타이 thái'로 읽는다.

태도(態度 thái độ)는 '타이 도'가 된다. 태산(泰山 thái sơn)은 '타이 선'이다. 태양(太陽 thái dương)은 '타이 즈엉'이다. 태평(太平 thái bình)은 '타이 빈'이다. 태평양(太平洋 Thái Bình Dương)은 '타이 빈 즈엉'이 된다.

'강'의 다른 글자도 보면 강국(强國 cường quốc) '끄엉 꿕', 강도(强盜 cường

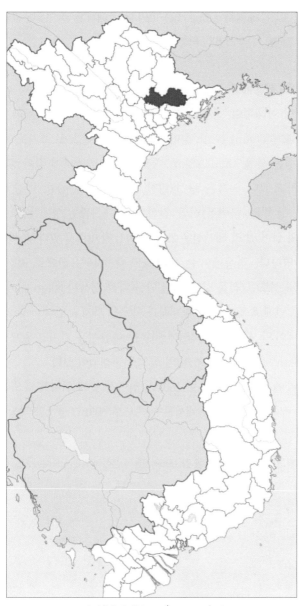

박쟝(북강 北江 Bắc Giang)성

độ) '끄엉 도', 강제(强制 cưỡng chế) '끄엉 쩨' 등에서 알 수 있듯이 강압적 강제 등에서의 강(强) 자는 '끄엉'이 된다.

꽝닌성과 하롱베이

'박쟝'성 아래쪽이 '하롱(하룡 下龍 Hạ Long)베이'를 품고 있는 '꽝닌'(광녕 廣寧 Quảng Ninh)성이다. '하롱'은 '할롱'으로 쓰기도 한다.

'꽝닌'성은 북쪽으로 118.8km, 통킹만에서 191km에 걸쳐 중국과 국경을 접하고 있다. 서쪽은 '랑선'(량산 諒山 Lạng Sơn)성, '박쟝'성, '하이즈엉'성, 남쪽은 '하이퐁'시와 접하고 있다. '꽝닌'성에는 크고 작은 2,000개의 섬이 있고, 해안선은 250km 이상에 이르고 있다. 특히 '하롱베이'로 유명하다. '하롱베이'는 유네스코 세계자연유산으로 지정받았다. '꽝닌'성의 성도인 '하롱'시는 '하롱'만을 따라 형성된 50km에 이르는 해안선으로 인해 독특한 관광 잠재력과 항구를 가지고 있다.

'하롱베이'만 친다면 120km에 이르는 해안선을 가지고 있으며, 면적은 1,553km²에 이르고, 1,969개의 섬으로 구성되어 있다.

'하노이'에서는 북동쪽으로 160km 떨어진 곳에 위치해 있으며, '하이퐁'(해방 海防 Hải Phòng)에서는 서쪽으로 60km, 중국과 맞닿아 있는

밤하늘에 별을 뿌려놓은 듯히 많은 섬(1,969개)들이 점점이 박힌 하롱베이 지도 (위키백과)

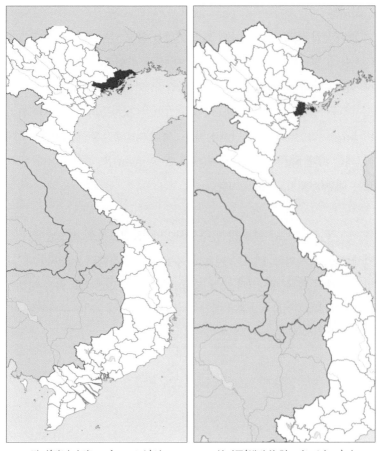

꽝닌(광녕 廣寧 Quảng Ninh)성   하이퐁(해방 海防 Hải Phòng)시

동쪽 끝 '몽까이'(망해 芒垓 Móng Cái) 국경 검문소에서는 동쪽으로 180km 떨어진 곳에 위치해 있다. 남쪽으로는 '통킹'만에 의해 경계를 이루고 있다.

하이퐁

'꽝닌'성의 아래가 '하노이'의 외항 역할을 하고 있는 '하이퐁'이다.

서울에 인천이 있다면 '하노이'(河內)에는 '하이퐁'이 있다. 하노이와 하이퐁의 관계는 이와 입술을 관계와 같다. 마치 서울과 인천처럼 항구도시 '하이퐁'은 한자로는 바다 쪽을 방어한다는 뜻의 해방(海防 Hải Phòng)이다. 바다 해(海 hải) 자는 '하이'다. 해산물의 해산은 '하이산'(해산 海産 hải sản)이고 세관(稅關 thuế quan)은 '하이꽌'이다. 한자로는 해관(海關 hải quan)이다.

'하이퐁'은 베트남 북부의 항구도시이며, 공업도시로 베트남에서 세 번째로 큰 도시이다. 이곳은 베트남 북부 지역의 전략적 요충지이다. 그리고 북부 주요 경제지역과 중월 경제협력벨트를 잇는 주요 교통 허브이다. 깊은 바다가 있는 항구적 이점 때문에 하이퐁은 선박운송이 매우 발달했고 동시에 북부 주요 경제 지역의 성장동력이 되고 있다.

LG전자 하이퐁 공장 전경
(인터넷 블로그)

2015년 LG전자 하이퐁 공장 준공식. 고인이 된 구본무 회장(왼쪽에서 네 번째)도 참석했다. (머니투데이)

‘방’ 자에 대해 알아보고 넘어가자.

하이퐁과 같은 글자로 방공(防空 phòng không)은 ‘퐁 콩’이다. 공군(空軍 không quân)은 ‘콩 꿴’이다. 방독(防毒 phòng)은 ‘퐁 독’으로 읽는다. 방비(防備 phòng bị)는 ‘퐁 비’가 된다. 방어(防禦 phòng ngự)는 ‘퐁 응으’로 읽는다.

방면(方面 phương diện)은 ‘프엉 지엔’이다. 면(面) 자는 ‘디엔’이 아니라 ‘지엔’이다. 그래서 면적(面積 diện tích)은 ‘지엔 띡’으로 읽는다. 면모(面貌 diện mạo)는 ‘지엔 마오’가 된다.

방법(方法 phương pháp)은 ‘프엉 팝’이다. 방안(方案 phương án)은 ‘프엉 안’이다. 방책(方策 phương sách)은 ‘프엉 삭’이 된다. 대책(對策)은 ‘도이 삭 đối sách’이다. 방향(方向 phương hướng)는 ‘프엉 흐엉’이 된다. 방해(妨害 phương hại)는 ‘프엉 하이’다.

방사성(放射性)은 방사(放射 phóng xạ ‘퐁 싸)은 ‘프엉’이 아니라 ‘퐁’이다. 앞에 ‘띤’이 붙어서 ‘띤 퐁 싸’다. 수식어인 ‘퐁 싸’를 뒤로 배치했기 때문이다.

재미난 건 불을 막는다는 방화(防火 phòng hỏa)나 불을 지른다는 방화(放火 phóng hỏa)나 뜻은 정반대지만 발음은 같이 ‘퐁 호아’다. 다만 성조에서 차이가 날 뿐이다.

결국 ‘방’ 자는 방위나 방법이라고 할 때의 ‘방’(方 phương) 자나 방해한다는 ‘방’(妨 phương), 꽃다운 방(芳)자 등으로 쓰이면 ‘프엉’이고 다른 방 자일 경우에는 ‘퐁’으로 읽는다.

하이즈엉성

'하이퐁'의 서쪽은 '하이즈엉'(해양 海陽)성이다. 이 지역은 베트남 북부 '홍강' 삼각주 지역에 위치해 있으며 성도는 '하이즈엉'시이다. 6개의 성에 경계를 접하고 있으며, '박닌'(북녕 北寧 Bắc Ninh)성, '박쟝'(북강 北江 Bắc Giang)성, '꽝닌'(광녕 廣寧 Quảng Ninh)성이 북쪽으로 있고, '흥옌'(흥안 興安 Hưng Yên)성이 서쪽으로, '하이퐁'이 동쪽으로, '타이빈'(태평 太平 Thái Bình)성이 남쪽으로 접해 있다.

바다 해(海) 자는 '하이'로 읽는다는 건 이제 상식이다. 문제는 볕 양(陽) 자다. 베트남어로는 '즈엉'(Dương)이다. 남부 지방에도 이와 같은 예가 있다. '호찌민'시 북쪽에 있는 '빈즈엉'(평양 平陽 Bình Dương)성이다.

'즈엉'에 대해 더 알아보자. 양력(陽曆 dương lịch)은 '즈엉 릭'이다. 음력(陰曆 âm lịch)은 '암 릭'이다. 양성(陽性 dương tính) 반응이라고 할 때의 양성은 '즈엉 띤'이 된다. 대다수의 '성' 자는 발음이 '탄'인데 비해 성질을 나타내는 성(性)는 '띤'으로 소리난다. 그래서 성격(性格 tính cách)은 '띤 깍'이 된다.

양로(養老 dưỡng lão)는 '즈엉 라오'다. 양육(養育 dưỡng dục)은 '즈엉 죽'이다.

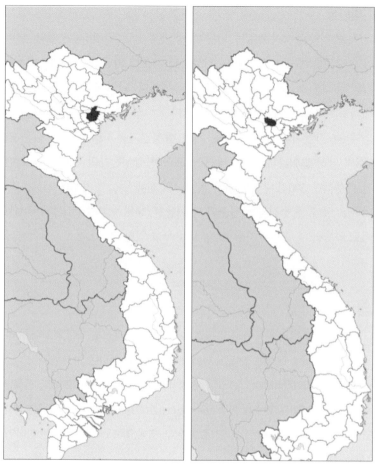

하이즈엉(해양 海陽 Hải Dương)성　　　박닌(북녕 北寧 Bắc Ninh)성

박닌성

'하노이'의 동북쪽으로는 '박닌'(북녕 北寧 Bắc Ninh)성이 있다. 우리 나라 사람들에게는 '하노이'의 위성도시 가운데 하나라기보다는 삼성전 자의 휴대폰 공장이 있는 곳으로 더 유명하다. 단일 휴대폰 공장으로는 세계 최대 규모다. 2009년 이 공장을 지은 삼성전자는 베트남 최대의 해 외 투자 기업이다. 2018년 6월 기준 삼성전자의 베트남 투자액은 약 173억 달러에 이른다. 이곳 '박닌'을 포함한 삼성전자의 베트남 공장 연 간 수출액은 500억 달러를 넘어 베트남의 전체 수출액 가운데 25%를 차 지하고 있다. 삼성전자는 인근의 '타이응웬'(태원 太原 Thái Nguyên)성 에도 비슷한 규모가 투자된 제2공장을 두고 있다.

———

안녕하다는 '녕(寧)' 자는 때로 '영'으로 발음이 된다. 그래서 '영' 자를 더 알아본다.

영구(永久 vĩnh cửu)는 '빈 끄우'다. 영원(永遠 vĩnh viễn)은 '빈 비엔'이다.

또 영사(領事 lãnh sự)는 '란스'다. 총영사(總領事)는 '똥 란스'가 된다. 한국영 사관(韓國領事館)은 '란스꽌 한꿕'(lãnh sự quán Hàn Quốc)으로 앞뒤를 바꿔 읽는다. 영토(領土 lãnh thổ)는 '란 토'가 된다. 영해(領海 lãnh hải)는 '란 하이'가 된다

하남성, 타이빈성

'하이퐁'시의 남쪽은 '하남'(하남 河南 Hà Nam)성과 '타이빈'(태평 太 平 Thái Bình)성이다. 물 하(河) 자는 아래 하(下)와 같이 '하'로 읽는다. 남녘 남(南) 자는 우리와 발음이 똑같다. 동서남북에서도 남 자는 그대로

삼성전자 박닌 공장 전경 (인터넷 블로그)

베트남 내 삼성·LG 생산 거점 매출액 (단위=원)		
타이응우옌성	삼성전자(스마트폰)	28.2조
박닌성	삼성전자(스마트폰)	19.9조
	삼성디스플레이(모듈)	8.3조
하이퐁	LG전자(가전·자동차 부품)	*5.5조
	LG디스플레이(모듈)	1.8조
	LG이노텍(카메라 모듈)	1.7조
호찌민	삼성전자(가전·TV)	6.2조

하노이

※ '*'는 차 부품 제외, 2020년 기준, 자료=각 사

삼성전자와 LG전자의 베트남 공장 매출 규모 (매일경제 2021. 8)

'남'이었다. 클 태(太)는 '타이응웬'(태원 太原 Thái Nguyên)에서처럼 '타이'로 발음이 되고 평(平) 자는 '빈'으로 읽는다.

———————

태도(態度 thái độ)는 '타이 도'가 된다. 또 크다는 뜻의 태산(泰山 thái sơn)은 '타이 선'이다. 태양(太陽 thái dương)은 '타이 즈엉'이다. 태평(太平 thái bình)은 '타이 빈'이다. 태평양(太平洋 Thái Bình Dương)은 '타이 빈 즈엉'이 된다.

'평'(平) 자도 알아보자.

평균(平均 bình quân)은 '빈 꿘'이다. 평등(平等 bình đẳng)은 '빈 당'이다. 민족평등(民族平等 dân tộc bình đẳng)은 '빈 당 전 똑'이 된다. 평면(平面 bình diện)은 '빈 지엔'이다. 평행(平行 bình hành)은 '빈 한'이다.

빈푹성

'타잉응웬'성 왼쪽 옆에는 '빈푹'성이 있고 그 옆이 '푸토'성이다.

'빈푹'은 영복(永福 Vĩnh Phúc)이다. 영원한 복을 뜻한다. '빈푹'에서 '빈'으로 읽은 건 길 영(永) 자다. 같은 예가 남쪽 끝 메콩강 삼각주 지역에 또 있다. '빈롱'(Vĩnh Long)성에서다. '빈롱'은 한자로 영룡(永龍)으로 쓴다. 영륭(永隆)이라고 쓴 경우도 많다. 룡(龍)과 륭(隆)은 모두 '롱'(Long)으로 발음이 되는 탓인지 혼용된 예가 많다. '롱비엔' 다리에서 같은 사례를 보았다.

우리말로는 둘 다 '빈'으로 소리 나지만 영(永) 자와 평(平) 자는 표기가 약간 다르다. 영(永) 자는 '빈'(Vĩnh)이고 평(平) 자는 '빈'(Bình)이다. 주의가 필요하다.

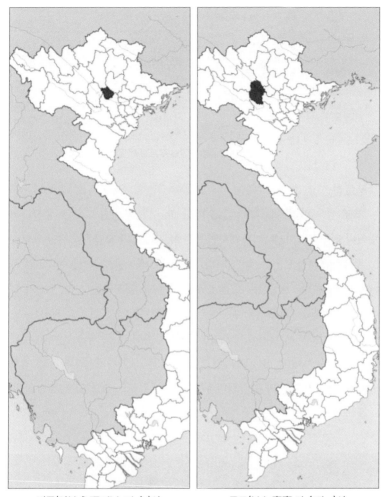

빈푹(영복 永福 Vĩnh Phúc)성   푸토(부수 富壽 Phú Thọ)성

하노이와 반랑국 수도였던 푸토성 비엣찌

푸토성

'푸토'성은 한자로는 부수(富壽 Phú Thọ)다. 부자가 되고 오래 산다는 뜻이니까 두 지역 모두 이름에서만큼은 최고로 복된 땅임이 틀림없다.

'푸토'성의 성도는 '비엣찌'시다. '비엣'은 베트남의 '비엣'이다. 월(越 việt) 자를 쓴다. '찌'는 못 지(池 trì) 자를 쓴다. 월지(越池 Việt Trì)가 된다. 하노이에서 80km 떨어진 '푸토'성은 베트남 역사 최초의 왕조인 '반랑'(문랑 文郞 Văn Lang) 왕조가 세워졌던 곳이다. 즉 '푸토'성이 베트남 역사의 발흥지이다. BC 2879년 건국했다는 신화가 있어 베트남 역사 5천년이라는 이야기의 출발점이 된다. '반랑' 왕조는 BC 258년에 망한다.

비엣찌 시가지 (위키백과)

호아빈성

　'푸토'성의 아래에 '호아빈'성이 이어져 있다. '호아빈'은 한자로는 화평(和平 Hòa Bình)이다. 화(和)는 '호아'와 '화'의 중간 발음 정도 된다. 평화롭고 또 평화로운 곳이라는 뜻이다. '하노이'의 서쪽이다. 고원지대와 산맥들이 이어진 곳으로 고산농업이 발달해 있다. 특히 '호

호아빈(화평 和平 Hòa Bình)성

아빈'성은 우리나라 '참빛그룹'이 만든 피닉스 골프장으로 유명하다. 평(平) 자는 '빈'

육지의 하롱베이로 불리는 '호아빈'성에 있는 피닉스 골프장의 절경 (홈페이지)

닌빈성과 땀꼭

'하남'(하남 河南 Hà Nam)성의 아래는 '닌빈'(녕평 寧平 Ninh Bình)성이다. 녕(寧) 자는 '박닌'(북녕 北寧 Bắc Ninh)성에서 보았듯이 '닌'으로 읽는다. 평(平) 자가 '빈'이란 건 다 알 터.

'닌빈'(영평 寧平 Ninh Bình)성은 '하노이'에서 남쪽으로 93km 떨어져 있다. 북쪽으로 '호아빈'(화평 和平 Hòa Bình)성과 '남딘'(남정 南定 Nam Định)성, '하남'(하남 河南 Hà Nam)성과 경계를 접하고 있다. '닌빈'성은 베트남 하노이에서 차로 두 시간 정도 시간이 걸린다. 고대 베트남의 유적이 많다.

자연경관이 뛰어나 '육지의 하롱베이'라고도 불리는 '땀꼭'은 논과 강을 배경으로 겹겹이 펼쳐진 석회암 카르스트 지형이 매력적인 곳으로, 유명한 관광지이다.

'닌빈'성의 유명 관광지인 '땀꼭'은 한자로는 삼곡(三谷)이다. 중국 계림(桂林)을 연상케 하는 풍광으로 이곳 역시 육지의 '하롱베이'라고 불리며 관광지로 명성을 날리고 있다. '땀꼭'은 흔히 '땀꼭빅동'(삼곡벽동 三谷碧洞 Tam Cốc Bích Động)으로 불린다. '땀꼭빅동'은 '지상의 하롱베이'와 같은 유명한 이름으로도 알려져 있으며 석회암 동굴과 쩐 왕조의 황궁 유적지와 짱안 풍경구로 구성돼 있다. 전체 넓이는 350.3ha로, 유네스코에 의해 세계유산으로 선정되었다.

'닌빈'은 하노이에서 1일 투어로 방문하는 게 가장 대중적이다. 버스는 오픈 투어 버스보다는 일반버스가 발달해 있다. '하노이'에서 하루 일정으로 '땀꼭'만 보고 돌아가기 아쉽다면 '닌빈'에서 하루 묵으면서 오래된 사찰, 대성당, 국립공원 등의 근교 볼거리를 돌아보는 것도 좋다.

수확철 땀꼭의 절경 (위키백과)

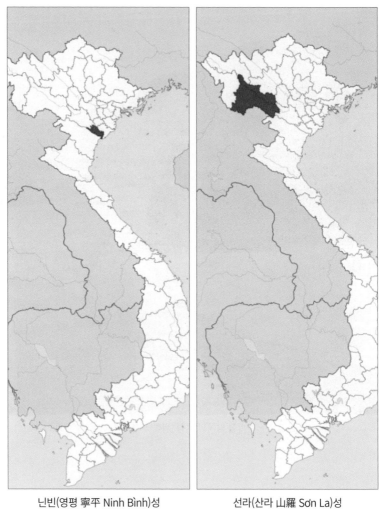

닌빈(영평 寧平 Ninh Bình)성   선라(산라 山羅 Sơn La)성

육지의 하롱베이로 불리는 닌빈성 풍광 (위키백과)

선라성

하노이에서 서쪽으로 있는 '푸토'성을 지나 조금 더 멀리 서쪽으로 가면 '선라'성이다. '선'은 산(山)이다. '라'는 한자로 라(羅 la)이다. 그래서 '선라'가 한자로 산라(山羅 Sơn La)가 된다. 산(山)이 '선'으로 발음이 나는 예는 호찌민의 관문인 '떤선녓'(신산일 新山日 Tân Sơn Nhất) 공항에서도 볼 수 있다.

산과 강이라는 뜻의 산하(山河 sơn hà)는 '선 하'다. 산수(山水 sơn thủy)는 '선 투이'다. 수력(水力 thủy lực)은 '투이 륵'이다. 수산(水産 thủy sản)은 '투이 산'이 된다. 또 산신(山神 sơn thần)은 '선 턴'이다.

선라성의 산악지대. 산이 아름답다는 말처럼 고원지역이다 (위키백과)

반면 산부(産婦 sản phụ)는 '산 푸(sản phụ)'가 되고 산물(産物 sản vật)은 '산 벗'이 된다. 산출(産出 sản xuất)은 '산 쑤엇'이 된다. 산(産) 자는 '산'이지만 산(山)은 '선'이다.

옌바이성

'선라'성의 북쪽은 '옌바이'(안패 安沛 Yên Bái)성이다. '옌바이'성 성도는 '옌바이'시이며, 면적은 6,808km², 인구는 699,900명, 평균기온 18~28°C에 이른다. 킨족을 제외하고, 까오란족, 기아이족, 코무족, 눙족, 몽족, 푸라족, 산짜이족, 따이족, 타이족 등 여러 소수민족이 이곳에 살고 있다.

편안할 안(安) 자는 발음이 '옌'으로 난다. 성도는 '옌바이'시다. '하노이'의 동남쪽에 있는 성 이름은 '흥옌'이다. 한자로는 흥안(興安 Hưng Yên)이다. 앞서 보았던 '빈푹'(영복 永福 Vĩnh Phúc)성의 성도는 '빈

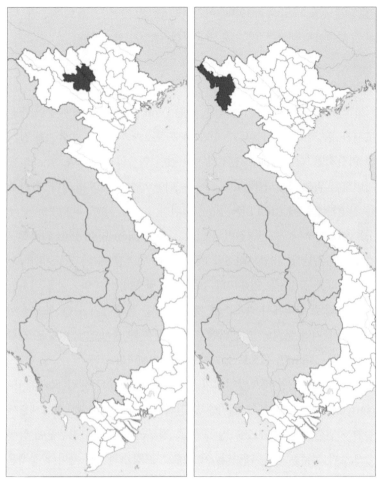

옌바이(안패 安沛 Yên Bái)성   디엔비엔(전변 殿邊 Điện Biên)성

엔'(영안 永安 Vĩnh Yên)이다. 여기서도 안(安) 자는 '옌'으로 읽는다. 다른 용례에서는 대부분 '안'으로 발음한다. 주의가 필요하다.

디엔비엔성

'선라'성 왼쪽이 '디엔비엔'(전변 殿邊 Điện Biên)성이다. 이곳의 중심 도시가 유명한 '디엔비엔푸'다. 1954년 프랑스와의 전쟁에서 승기를 잡게 된 역사적인 '디엔비엔푸' 전투가 벌어졌던 역사의 현장이다. 이 승리를 기념하기 위해 베트남 주요 도시에는 '디엔비엔푸' 거리가 있다. 한자로 는 전변부(殿邊府 Điện Biên Phủ)가 된다.

'디엔비엔푸' 전투(전역전변부 Chiến dịch Điện Biên Phủ 戰役奠邊府)는 1954년 3월 13일부터 5월 7일 사이에 벌어진 제1차 인도차이나전 쟁의 승패를 결정지은 전투이다. 1953년 11월 프랑스는 하노이를 비롯한 홍강 삼각주 일대에서 라오스로 가는 길목을 차단하기 위해 베트남 서 북부 산간지역 분지인 '디엔비엔푸'에 주둔지를 설치했다. 이곳은 가로 8km, 세로 20km인 산으로 둘러싸인 평야지대이다.

1954년 3월 13일 베트남전쟁의 영웅 '보응웬지압'(무원갑 武元甲 Võ Nguyên Giáp) 장군은 '디엔비엔푸' 진지에 포격을 개시했으며, 2개월에 걸친 치열한 격전 끝에 5월 7일 프랑스 정부군이 하노이 정부군에 항복 함으로써 전투는 막을 내린다. 이 전투로 프랑스의 인도차이나 정책은 철수로 굳어지게 되었고, 1차 인도차이나 전쟁은 막을 내리게 되었다.

이 전투에서 베트남군은 땅굴을 파고, 자전거 3만 대를 화물 이동수단 으로 동원했다. 프랑스군이 상상도 못하는 작전을 전개했다. 자전거를 못 옮기는 건 없었다. 쌀 같은 식량은 물론 박격포 같은 중화기들도 자전 거로 옮겼다. 베트남군의 상상을 초월하는 투혼을 프랑스군이 당해낼 수가 없었다. (위키백과, 왜 호찌민인가)

디엔비엔푸 전승기념탑 (위키백과)

디엔비엔푸 전승기념탑은 2004년 전승 50주년에 맞춰 2003년에 세워졌다. 베트남에서 제일 큰 동상이다. 무게가 220t이고 높이가 12.6m, 기단 높이만 3.6m나 된다. (위키백과)

하노이－쿤밍 선의 출발역이자 종착역인 라오까이 역.
사파 관광의 출발점이기도 하다 (위키백과, 종합)

리오까이성, 사파, 판시팡산

위쪽으로 올라가면 중월(中越 Trung Việt 쭝비엣) 철도가 지나가고 중국과의 육상 무역이 활발한 국경도시 '라오까이'(로가 老街 Lào Cai)가 성도인 '라오까이'성이 나온다. 성도 '라오까이'는 '홍강'과 그 지류를 끼고 중국과 국경을 접하며, 국경 교역이 성하다. '하노이~쿤밍(昆明)을 연결하는 국제열차도 '라오까이'에서 중국으로 향한다. '라오까이'는 한자로 로가(老街)로 쓴다. 역사적으로 개발된 지 오래된 곳임이 틀림없다. 옛날부터 오가는 사람들이 많은 교통의 요충지였을 것이다.

———

'노(로)' 자를 더 알아보자. 노동(勞動 lao động)은 '라오 동'이다. 노화(老化 lão hóa)는 '라오 화'다. 늙을 노(老) 자는 발음이 '라오'다. 그러나 노력(努力 nỗ lực)은 '노 륵'이다. 힘 력(力 lực) 자는 발음이 '륵'이다. 노(努) 자의 발음이 '라오'가 아님에 주의한다.

'라오까이'를 이야기 하면서 '판시팡'산과 '사파'를 빼놓을 수는 없다.

프랑스 식민지시대에 건설된 마을 '사파'(사파 沙霸 Sa Pa)는 피서지로서 또한 각종 소수 민족을 방문하는 트래킹 기지로서 많은 관광객이 방문한다. 베트남 최고봉(3,143m)인 '판시팡'(번서방 番西邦 Phan Xi Păng)산도 이 성 안에 있다. '판시팡'은 인도차이나반도 최고봉이기도 하다.

'사파' 트래킹은 '판시팡'산의 가파른 계곡을 올라가고, 바위와 사다리를 기어오르며 오르내리막이 반복되는 다이내믹한 산행을 할 수 있으며, 가는 길목마다 열대우림의 다양한 식물들을 마주하는 재미도 있다. 그리

판시팡산 정상 (위키백과

고 하산 길에는 총 운행거리 6,292m, 고도차 1,410m의 '판시팡' 케이블카를 타고 아름다운 '사파'의 경관을 한눈에 담으며 하산한다. '사파'의 상징인 계단식 논이 만들어내는 황홀한 풍경도 구경할 수 있다.

'사파'는 해발 1,650m의 고산지대에 위치한 고원도시. 연 평균 기온 15~16℃, 한 여름에도 30℃를 넘지 않는 시원한 날씨를 자랑한다. 소수민족들의 고달프지만 아름다운 삶이 펼쳐지는 사파는 특히 서양 관광객들이 가장 선호하는 베트남 관광지이다. (위키백과, 혜초여행사)

'라오까이'가 서쪽의 유명한 국경도

사파의 계단식 논과 소수민족 여인 (혜초여행사)

시라면 동쪽으로도 중국과 국경을 맞대고 있는 유명한 도시가 있다. '몽까이'(Móng Cái)다. 한자로는 망해(芒垓)라고 쓴다.

랑선성

'몽까이'에서 왼쪽으로 가면 나오는 곳이 '랑선'(량산 諒山 Lạng Sơn)시를 성도로 하고 있는 '랑선'성이 나온다. 2019년 2월 27일 하노이 2차 북미정상회담을 위해 평양에서 열차로 사흘을 달려 베트남을 방문한 김정은 북한 국무위원장이 승용차로 바꿔 탄 곳인 '동당'역(동등 同登 Đồng Đăng)도 '랑선'성에 있다. 하노이–동당 철도의 종착역이다.

라오까이(로가 老街 Lào Cai)성

'랑선'성은 중국의 '광시'성, '윈난'성과 국경을 접한다. 중국과 철도로 도로로 연결되어 역사적으로 광시성과 잦은 교류를 하는 관문이었다. 북쪽으로 중국과 국경을 접하며, 북서쪽으로는 '까오방'(高平)성, 남쪽으로는 '박하'(北河)성과 국경을 접한다. '하롱베이'가 있는 '꽝닌'(廣寧)성과는 남쪽에서 시작하여 동쪽 경계로 확장되며, 서쪽으로는 '타이응웬'(太原)성이 있다.

———

여기서 잠시 '동' 자를 살펴보고 가자.

동감한다는 동감(同感 đồng cảm)은 '동 깜'으로 읽는다. 동류(同類 đồng

몽까이 베트남-중국 국경문 (위키백과)

loại)는 '동 롸이'다. 분류(分類 phân loại)는 '펀 롸이'로 읽는다. 인류(人類 nhân loại)는 '년 롸이'다.

동의(同意 đồng ý)는 '동 이'다. 동일하다는 동일(同一 đồng nhất)은 '동 녓'이 된다. 동족(同族 đồng tộc)은 '동 똑'으로 읽는다. 동포(同胞 đồng bào)는 '동 바 오'다.

동맹(同盟 đồng minh)은 '동 민'이다. '맹'(맹)은 '민'(minh)이다. '월맹'(越盟) 이 '비엣민'(Việt Minh)이 되니까. '비엣민'은 월남독립동맹회(越南獨立同盟會)의 약칭이다.

'동남아'(東南亞 Đông Nam Á)는 발음이 같다고 해도 무방할 정도다. 그대로 '동 남 아'다. 동방(東方 đông phương)은 앞뒤 순서를 바꿔 '프엉 동'으로 쓴다. 남방(南方)은 '프엉 남(phương nam)'이 된다. 동양(東洋 Đông Dương)은 '동 즈엉'이다.

동당역 (위키백과)

까오방성

'랑선' 위쪽은 '까오방'성이다. '까오방'(高平 Cao Bằng)에서는 발음과 글자에 유의해야 한다. 한자로는 고평(高平)이다. 고(高 cao) 자는 '까오'로 소리 난다. 문제는 '방'이다. 우리가 알기로는 평(平 bình) 자의 발음

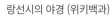

랑선시의 야경 (위키백과)

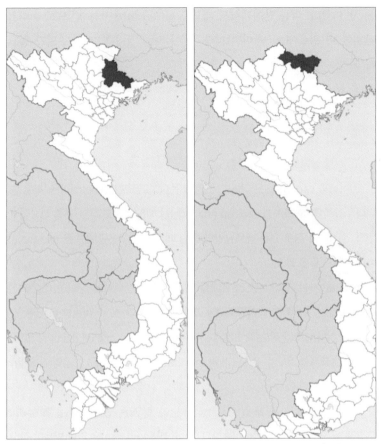

랑선(량산 諒山 Lạng Sơn)성   까오방(고평 高平 Cao Bằng)성

은 '빈'이었다. 다른 단어에서도 대부분 평(平 bình) 자는 '빈'으로 소리가 났지만 이 경우에는 '빈'이 아니라 '방'이 되는 것이다. 매우 주의가 필요 하다.

———————

'고' 자를 살펴보자.

고등(高等 cao đẳng)은 '까오당'으로 읽는다. 고급(高級 cao cấp)은 '까오 껍' 이다. 고급인력(高級人力 cao cấp nhân lực)은 베트남 말로 하면 '년륵 까오껍'이 된다. 수식어가 뒤로 오는 베트남말의 어순 때문이다. 고혈압(高血壓 cao huyết áp)은 '까오 후옛 압'이다.

엣 고(古) 자는, 고대(古代 cổ đại)를 '꼬 다이'로 읽는다. 고대문학(古代文學)은 베트남어로는 '반 혹 꼬 다이'(cổ đại văn học)가 된다. 또 고전(古典 cổ điển)은 '꼬 디엔'이다. 고전문학(古典文學)은 '반 혹 꼬 디엔'(văn học cổ điển)이 되고 고 전음악(古典音樂)은 '엄 냑 꼬 디엔'(âm nhạc cổ điển)이 된다. 음악(音樂 âm nhạc)은 '엄 냑'이다.

고립(孤立 cô lập)은 '꼬 럽'으로 소리가 난다. 립 자는 '럽'이다. 독립(獨立 độc lập)이 '독 럽'으로 읽는 것과 비슷하다. 고난(苦難 khổ nạn)은 거의 발음이 같다. '코 난'으로 읽는다.

'반족' 폭포는 베트남-중국 국경, '까오방'시 북쪽 80km 지점에 위치 하고 있다. 이 폭포는 30m 높이로 떨어지며, 너비는 300m에 달한다.

그러나 '까오방'성이 유명한 건 바로 '호찌민' 주석 때문이다. 1941년 2월 30년 만에 호찌민이 고국 땅을 밟은 곳이 '까오방'성 '박보' 마을에

까오방성 최고의 관광지인 반족 폭포 (위키백과)

있는 '곡보' 동굴이다. 그때까지 '응웬아이꿕'(완애국 阮愛國 Nguyễn Ái Quốc) 이라는 이름을 쓰고 있던 호찌민은 여기서 인도차이나 공산당을 주체로 하는 '베트남 독립동맹'(베트민)을 결성하고 주석이 되었다. 여기서 베트남 국기의 원형이 된 베트민의 금성홍기도 정해졌다. 이곳 상황이 안정되자 1942년 '응웬아이꿕'은 중국을 방문했다. ·이때 명함에 '호찌민' 이라는 이름을 처음 사용했고 그 이름이 죽는 날까지 세상에 알려지게 됐다. 또한 이 기간이 중요한 건 중국에서 체포된 '호찌민'은 13개월, 380일을 복역한다. 이 시기에 그 유명한 <옥중일기>가 만들어지기 때문이다. 134편의 한시로 된 '호찌민'의 <옥중일기>는 생사의 갈림길에서 만난을 극복하고 우뚝 선 초인의 면모를 짐작케 한다. (위키백과, 왜 호찌민인가)

다낭과 중부지역

다낭을 중심으로 한 베트남의 중부지역은
가로로 매우 가늘고 세로로는 너무나 긴
베트남 국토의 특성을 그대로 보여준다.

1. '탄호아'성에서 '트어티엔후에'성까지

탄호아성

홍강 삼각주 지역에 해당하는 '호아빈'(화평 和平 Hòa Bình)성 아래쪽은 '탄호아'(청화 淸化 Thanh Hóa)성이다. '타인호아'로도 읽는다. 여기서 '탄'은 한자로 청명(淸明)이라고 할 때의 맑을 '청'(淸 thanh) 자다. '화'도 평화의 화(和 hòa)가 아니라 변화의 화(化. hóa) 자를 쓴다.

응에안성, 하띤성

'탄호아'성의 아래는 '응에안'성이다. 한자로는 의안(宜安 Nghệ An)으로 쓴다. 하노이에서 300km 떨어져 있다. '응에안'은 베트남의 국부 '호찌민'(호지명 胡志明 Hồ Chí Minh) 주석의 출생지로 유명하다. '통킹'만으로 불리는 '박보'(北部 Bắc Bộ)만의 가장 안쪽에 위치한 지역이다. '통킹'(Tonkin, Tongkin, Tongking 등으로 표기)은 베트남 북부 홍강 유역을 말한다. 서양식 발음이다. 하노이의 15세기 이름인 '동낀'(동경 東京 Đông Kinh)에서 유래했다.

'호찌민'은 프랑스가 식민 지배를 하던 시기인 1890년 5월 19일 베트남 중북부 지방의 '응에안'성 '호앙쭈'(Hoàng Trù)에서 태어났다. 아버지 '응웬신삭'(완생색 阮生色 Nguyễn Sinh Sắc)은 가난한 유학자였고, 어머니 '호앙티로안'(Hoàng Thị Loan) 역시 농사를 짓고 서당 훈장도 하였던 유학자의 딸 이었다. 호찌민의 생가는 '낌리엔'읍에 있다. '빈'(영 永 Vinh)시에서는 15km 거리다. 옛날부터 '응에안' 사람들은 땅을 파서 겨우 먹고 사는 농민이며, 먹고 사는 일 자체가 그들의 투쟁이었다. 그래서 이들은 종종 '응에안의 고집 센 물소'라는 별칭으로 불릴 정도였다. 역사적으로도 이런 성향은 그대로 나타나 2천년 전 '하이바쫑'의 추종세력이 마지막까지 저항했던 곳이 '응에안'이고, 15세기 '레러이' 황제의 반중 저항운동을 벌인 곳도 이곳 '응에안'이었다. 20세기 들어서도 민족주의 운동가 '판딘풍'(반정봉 潘廷逢 Phan Đình Phùng), '판쭈찐'(반주정 潘珠貞 Phan Chu Trinh), '판보이쩌우'(반패주 潘佩珠 Phan Bội Châu) 등도 모두 '응에안' 출신이다. 심지어 1956년 호찌민 정부가 시행한 토지개혁에 격렬하게 저항한 곳도 '응에안'이었다. (위키백과, 왜 호찌민인가)

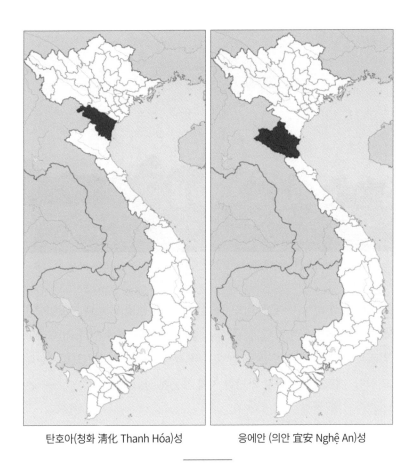

탄호아(청화 淸化 Thanh Hóa)성   응에안 (의안 宜安 Nghệ An)성

우리 발음으로는 의(宜) 자와 같은 의(義) 자의 발음은 '응에'(Nghệ)가 아니라 '응아이'(Ngãi)가 된다는 점은 주의할 필요가 있다. '다낭'시 남쪽에 있는 '꽝응아이'(광의. 廣義. Quảng Ngãi)성에서 보듯이 의(義) 자는 '응에'가 아니라 '응아이'로 읽는다. 하지만 의무(義務 응여부) 등에서처럼 '의' 자는 '응여'로 읽는 예가 제일 많다.

응에안성 성도인 빈시에 있는 베트남의 국부 호찌민 주석의 동상 (위키백과)

   '응에안'성 바로 아래가 '하띤'(하정 河靜 Hà Tĩnh)성이다. '하띤'성은 '응에안'성과 이웃하고 있어 두 성을 함께 '응에띤'(Nghệ Tĩnh)이라고 부르고, 이 지방 사람들은 매우 독특한 억양으로 베트남어를 발음한다고 한다. 베트남에서 가장 가난한 지역 가운데 하나다.

꽝빈성과 퐁냐깨방 국립공원
   '하띤'성 아래가 '꽝빈'(광평 廣平 Quảng Bình)성이다. 베트남전쟁 영웅인 '보응웬지압'(무원갑 武元甲 Võ Nguyên Giáp) 장군의 고향이다. 성도는 '동허이'(동해 洞海 Đồng Hới)이며, 하노이에서 남쪽으로 500km 떨어져 있다.
   '꽝빈'성은 남쪽으로는 '꽝찌'(광치 廣治 Quảng Trị)성과 서쪽으로는 라오스와 경계를 접하고 있다. 동쪽으로는 해안선을 따라 남중국해와 접하고 있다. 동쪽에서 국경을 접한 서쪽 라오스까지 가장 짧은 거리는 40km에 지나지 않으며, 언덕과 산악이 전체 면적의 85%를 차지하고 있

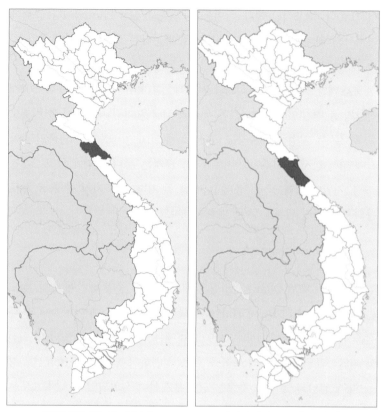

하띤(하정 河靜 Hà Tĩnh) 성   꽝빈(광평 廣平 Quảng Bình) 성

다. 유네스코 세계유산인 '퐁냐깨방(봉아기방 峰牙己榜 Phong Nha-Kẻ Bàng)' 국립공원이 유명하다.

　여기서 '꽝빈'성의 성도인 '동허이'(동해 洞海 Đồng Hới)의 발음을 한 번 살펴보자. 동네라는 뜻의 한자 동(洞 Đồng)은 동서남북(東西南北 Đông Tây Nam Bắc)의 동(東 Đông) 자와 발음이 같지만 성조는 다르다. 문제는 '허이'(해 海 Hới)다. 우리가 아는 해(海) 자는 발음이 '하이'(Hải)다. 대표적인 예가 '하이퐁'(해방 海防 Hải Phòng)이다. 그런데 여기서는 '하이'가 아니라 '허이'(Hới)로 읽는다는 점에 주의해야 한다.

'퐁냐깨방' 국립공원은 석회암 지역에 2,000km²에 걸쳐 있으며, 300개 이상의 총 연장 70km에 이르는 동굴과 석굴을 가진 세계에서 두 번째로 큰 카르스트 지형을 보존하고 있다. 그 중 20개만 베트남과 영국의 과학자에 의해 탐사가 이루어졌다. 이들 중 17개는 '퐁냐' 지역에 있고, 3개는 '깨방' 지역에 있다. 특히 '퐁냐'는 가장 긴 지하 강과 가장 큰 동굴 통로 등의 여러 가지 세계의 동굴 기록을 가지고 있다.

꽝찌성

꽝찌(광치 廣治 Quảng Trị)성은 베트남 북쪽 중앙 해안에 있다. 성도는 동하(동하 東河 Đông Hà)이다. '꽝찌'성은 프랑스에 이어 미국과 대결을 벌인 베트남전쟁(1954년~1975년) 때는 베트남 공화국(월남)의 최전방 지역이었으며, 이 성의 북쪽을 흐르는 '벤하이'(빈해 濱海 Ben Hai)강을 따라 월남과 월맹을 가르는 군사분계선이 설치되었다. 남쪽으로는 '트어티엔후에'(승천혜 承天-惠 Thừa Thiên-Huế)성이, 서쪽으로는 라오스와 접경하고 있다.

'동하'(동하 東河 Đông Hà)시는 '꽝찌'성의 성도로, 월남전 중에는 베트남 공화국(월남)의 최북단 도시로서, 군사적으로 중요한 가치를 지니기도 했다. 현재는 베트남과 라오스 간의 무역 거점이며 동서 경제 회랑이 지나가는 도시이기도 하다.

풍냐깨방 국립공원(위키백과)

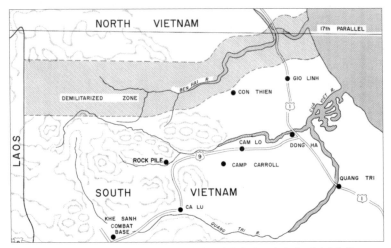

남북 베트남의 군사분계선과 비무장지대를 나타낸 미군 작전 지도 (위키백과)

베트남전쟁 당시 베트남 군사분계선(越南軍事分界線)은 1954년 체결된 제네바 협정에 의해 확립된 남베트남(월남)과 북베트남(월맹)의 분계선이었다. 통칭 북위 17도선으로 일컬어지나, 실제로는 북위 17도선보다 약간 남쪽에 위치한, '꽝찌'성을 흐르는 '벤하이'(빈해 濱海 Bến Hải)강을 따라서 설정되었다. 또한 군사분계선의 남북으로 각각 2km의 비무장지대가 설정되었다. '응웬' 왕조의 옛 수도 '후에'는 군사분계선에서 남쪽으로 약 100km 지점에 위치해 있었다.

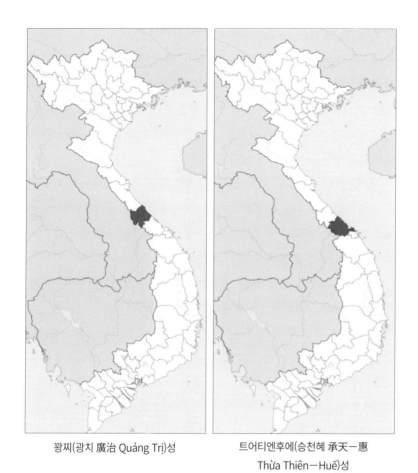

꽝찌(광치 廣治 Quảng Trị)성

트어티엔후에(승천혜 承天-惠
Thừa Thiên-Huế)성

트어티엔후에성과 후에

'꽝찌'성 남쪽에 붙어 있는 곳이 '트어티엔후에'(승천혜 承天-惠 Thừa
Thiên-Huế)성이다. 성도는 '후에'(혜 惠.Huế)이다. 인기 패키지 여행상
품에 나오는 '다낭-호이안-후에'의 그 '후에'다. '후에'를 화(化) 자로 쓴
경우도 있다. 이는 이곳이 과거 '호아'(화. 化) 주로 불리기도 했고, '후에'
라는 지명이 '호아'의 사투리라고 하는 어원설도 있기 때문으로 보인다.

'후에'(혜 惠 Huế)는 1802년부터 1945년까지는 베트남의 마지막 왕조인 '응웬'(완 阮 Nguyễn)왕조의 수도였다. 많은 역사적 기념물과 건축물들을 보유하고 있으며, '후에'성은 유네스코 세계문화유산으로 등록되어 있다. 역사도시라는 점에서 우리 경주와 분위기가 비슷하다. 자매결연도 맺고 있다. 도시의 중앙을 가로질러 '흐엉'강(향강 香江 Sông Hương)이 흐르고 유람선 투어 상품도 성업 중이다.

'후에'는 또한 1945년 호찌민의 '8월 혁명'의 시작을 알린 곳이기도 하고 프랑스와 미국과의 전쟁통에 가장 큰 피해를 입은 곳이기도 하다. 베트남전쟁 때는 1968년 구정공세로 3개월간 월맹군의 손에 들어간 적도 있어 도시 곳곳에 전쟁의 상처가 남아 있다.

이곳을 도읍으로 정한 '응웬' 왕조는 1777년 '응웬푹안'(완복영 阮福映 Nguyễn Phúc Ánh)이 창업했다. 시암(태국) 왕과 프랑스 선교사 등의 지원을 받아 '응웬 후에' 형제들이 중심이 된 '떠이선'(서산 西山) 왕조에 항쟁하였으며, '떠이선' 왕조의 내분을 틈타 10년간의 싸움에 종말을 고하고 '떠이선' 왕조를 타도했다. 그는 결국 1802년에 수도를 중부 북방의 '부춘'(후에)으로 정하고 응웬 왕조를 열었다. 연호는 '쟈롱'(가륭 嘉隆)이라 고쳤다. '쟈롱'은 '호찌민'(사이공)의 옛 이름인 '쟈딘'과 하노이의 옛이름인 '탕롱'을 어우르는 합성어였다. 베트남의 전역을 뜻하는 것이다. 실제로 '응웬' 왕조는 현재의 베트남과 비슷한 영역을 지배한 최초의 통일정권이었다.

또 1804년에는 중국의 청나라로부터 '월남' 국왕으로 봉해지고, '월남'(비엣남)을 정식 국호로 삼았다. '응웬' 왕조는 청나라에 조공을 바쳤지만, 주변의 여러 민족이나 제국에 대해서는 황제라고 칭했으며, 독자적인 연호를 사용하였다. 베트남에 작은 중화제국을 구축했던 것이다.

고도 후에의 응웬 왕조시대 왕성 입구인 광덕문(꽝득몬 廣德門 Quảng Đức Môn)

'응웬' 왕조의 문을 연 '응웬푹안'(완복영 阮福映 Nguyễn Phúc Ánh)
은 연호 쟈롱(가륭 嘉隆 Gia Long)에 따라 '쟈롱' 황제로 부른다.

뒤를 이은 2대 황제는 '민망'(명명 明命 Minh Mạng) 황제다. 본명은
'응웬푹담'(완복담 阮福膽 Nguyễn Phúc Đảm)이었다. 초대 황제인 '쟈
롱' 황제의 넷째 아들이다. 그는 '응웬' 왕조 건국 때의 국호인 '비엣남'(월

고도 후에의 왕궁

후에 왕궁 건물 벽에 새겨진
화려한 용 조각

응웬 왕조 시대 황제가 앉았던 자리.
조각과 그림이 화려함의 극치를 이룬다.
작은 황제라고 칭하고도 남을 만큼의
권위와 자존심이 엿보인다.
(개인블로그, 위키백과, 종합)

남 越南)을 '다이난'(대남 大南)으로 바꾸었다. 대외적으로는 쇄국적인 자세를 보였고, 캄보디아로 군사 원정을 실시하였고 산악 지대의 소수민족에 대한 통제 강화를 도모하였다. 1832년에는 참파를 완전히 병합하였다. 내정에는 중국식 중앙집권화를 진행시켜 베트남 각지에 성(省)과 현(縣)을 설치하였다. 1836년에는 유럽에서 파견된 선교사 7명을 처형하고 기독교 신자 다수를 탄압하였다. '자롱' 황제 시절에는 우호적이었던 기독교와의 관계는 '민망' 황제와 그 뒤를 이은 '티에우찌'(소치 紹治 Thiệu Trị. 응웬 왕조의 제3대 황제. 이름은 '응웬푹뚜옌'(완복선 阮福暶 Nguyễn Phúc Tuyền)이다.) 황제 대에 이르러 더 악화됐다.

게다가 '티에우찌' 황제의 아들인 '뜨득'(사덕 嗣德 Tự Đức) 황제 대에 이르러서는 더 가혹하게 기독교를 탄압하고, 유럽과 무역 및 외교 정책에 반대하여 쇄국 정책을 펼쳤다. 19세기 중반 베트남의 가톨릭교도가 45만 명으로 늘어나자 '뜨득' 황제는 대대적인 기독교 탄압을 벌여 유럽인 선교사 25명과 베트남 성직자 300명을 처형하는 등 약 2만 명의 신도가 박해를 받았다. 결국 이는 훗날 프랑스-에스파냐 연합군의 침공과 프랑스가 베트남의 이권 장악을 불러오는 씨앗이 된다.

특히 이들 가운데 '민망' 황제는 아들 78명, 딸 64명 등 142명의 자녀를 둔 정력가였다. 또 고려인삼을 주요 재료로 담근 약주인 '민망탕'을 장복했다고 전해져 베트남인들에게 고려인삼의 명성을 각인시킨 장본인이기도 하다. 베트남 곳곳에 전해지는 '민망탕'은 모두 인삼을 주원료로 하고 있다. 최근에는 다양한 상품으로 가공된 홍삼제품의 인기가 최고다.

(위키백과, 최병욱 베트남근현대사)

2. '꽝남'성에서 '빈푹'성과 '빈투언'성까지

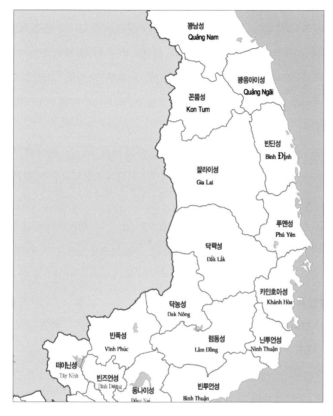

'트어티엔후에'성의 남쪽이 '꽝남'(광남 廣南 Quảng Nam)성이다. 위로부터 '꽝빈'(광평 廣平 Quảng Bình)성, '꽝찌'(광치 廣治 Quảng Trị)성에 이어 '꽝남'성과 '꽝응아이'(광의. 廣義 Quảng Ngãi)성이 이어진다. 평(平) 자와 치(治) 자가 각각 '빈'(Bình)과 '찌'(Trị)로 난다는 건 이미 알고 있을 터. 다만 의(義) 자는 앞에서 나왔던 '응에안'(Nghệ An 의안 宜安)성이라고 할 때의 '응에'나 '응이', '이'가 아니라 '응아이'(Ngãi)로 읽는다.

'의' 자에 대해 살펴보자. 이번에는 '의' 자가 '응아이'가 아니라 '응여'로 소리가 난다. 의무(義務 nghĩa vụ)는 '응여 부'다. 파생어 의무교육(義務敎育)은 수식어와 피수식어 전후 배치가 달라져 교육 의무(敎育 義務)가 되어 '지아오 죽 응여 부'(nghĩa vụ giáo dục)가 된다. 또 의식을 치른다는 '의' 자를 쓰는 의례(儀禮 nghĩa lễ)도 '응여 레'가 된다.

다음은 '응이'로 발음이 되는 경우다. 의문(疑問 nghi vấn)은 '응이 번'이다. 의식(意識 nghi thức)은 '응이 특'이라고 한다. 국회나 지방의회 의원(議員 nghị viên)은 '응이 비엔'이 된다.

'이'로 소리나는 경우도 있다. 의견(意見 ý kiến)은 '이 끼엔'이다. 의도(意圖 ý đồ)는 '이 도'다. 의지(意志 ý chí)는 '이 찌'다. 의학(醫學 y học)은 '이 혹'이다.

꽝남성과 호이안

'꽝남'성에는 유네스코 세계문화유산인 '호이안'(회안. 會安. Hội An) 과 '미선'(미산 美山 Mỹ Sơn) 유적이 있다.

'호이안'은 15세기부터 19세기 무렵까지 베트남의 "바다의 실크로드" 라고 불리던 중요한 국제 무역 항구였고, 여러 성(省) 출신의 화교와 일본인, 네덜란드인 등 서구 상인 그리고 인도인들이 드나들었고 마을을 형성하여 정착하였던 국제도시였다. 일본과 중국이 동남아로 나아가는 연결고리로서 '호이안'의 중요성이 강조됐다. 또 유럽인들도 인도를 거쳐 타이완을 거쳐 중국과 일본으로 가는 통로에 '호이안'이 있다는 점에 주목했다. 자연스럽게 '호이안'은 동아시아 무역로의 교차점으로 번성했다. 지금도 일본거리, 중국거리 등이 남아서 옛 영화를 말해주고 있다. 유네스코 세계문화유산 도시이며 '후에'와 함께 대표적인 베트남의 역사 관

호이안에 있는 광동회관 앞 용분수. 광동회관은 광동 출신
중국인들의 향우회관 같은 곳이다. (위키백과)

광지이다. (동아시아 도시이야기, 위키백과)

회(會 hội) 자는 '호이'다. 회합(會合. hội họp)은 '호이홉'으로 읽는다. 회견(會見 hội kiến)은 '호이끼엔'이 된다. 회담(會談 hội đàm)은 '호이담'이다. 회관(會館 hội quán)은 '호이 꽌'이다. 회복(回復 hồi phục)은 '호이 푹'이 된다. 회비(會費 hội phí)는 '호이 피'다. 회원(會員 hội viên)은 '호이 비엔'이다.

글자는 다르지만 회상(回想 hồi tưởng)도 '호이 뜨엉'이라고 한다. 회생(回生 hồi sinh)은 '호이 신'이다. 회춘(回春 hồi xuân)은 '호이 쑤언'이 된다.

내친 김에 '영' 자를 더 알아보자. '빈흥'은 영흥(永興 vĩnh hưng)이 된다. 영(永 vĩnh) 자는 '빈'이다. '꽝빈'은 광영(光榮 quang vinh)의 독음이고 영화(榮華 vinh hoa)는 '빈호아'가 된다.

145

지게 같은 들 것인 돈간을 지고 호이안의 역사거리를 지나는 행상 (위키백과)

베트남 사람들이 머리에 쓰는 야자나무 잎으로 만든 원뿔형 모자는 '논'(nón)이라고 한다. 여름에는 따가운 햇살을 막아주고 우기에는 퍼붓는 비를 피할 수 있게 해준다. 길거리 야채상에게는 지붕이 되고 시장가는 아주머니에게는 바구니도 되고 뙤약볕 아래서 일하는 노동자 농부에게는 부채 역할도 한다. 또 어깨에 진 지게 같은 건 '돈간'(đòn gánh)이라고 한다. 재료는 대나무다. 베트남에서는 제일 유용한 물건 운송수단이다. 앞에서 살펴본 '디엔비엔푸' 전투나 월남전에서도 아주 유용한 운송수단으로 쓰였다. (위키백과, 베트남견문록)

'미선'(미산 美山 Mỹ Sơn) 유적은 고대 '참파'의 힌두교 사원 유적지이다. '참파'는 역사문헌에는 점파(占波)로 나타난다. 그러나 이는 원래 한자 표기가 있었던 게 아니라 기록을 위해 한자를 차용한 것이다. 4세기에서 14세기에 걸쳐 '참파' 왕국의 왕들에 의해 세워졌다. 이 사원들은 힌두교 '시바' 신에게 봉헌된 것이다. '미선'은 행정구역상 베트남 중부 '꽝남' 성에 있으며, '다낭'에서 남서쪽으로 69km 지점에 위치한다. 1999년 유

미선 유적 (위키백과)

네스코 세계유산으로 등록되었다.

또한 '참파'(점파 占波 Chăm Pa) 왕국은 베트남 중부 지방에 있던, 인도네시아계의 옛 '참'족이 세운 왕국이다. 이들 옛 참족은 오늘날 베트남 중부 남단에 거주하는 '참'족의 직접적인 조상이 된다. '참파' 왕국은 인도 문화의 가장 동쪽 전초지였다. 13세기에 원(元)나라 원정군을 격퇴시켰으나 15세기에 계속 베트남의 공격을 받아 17세기에 멸망했다. '참파'는 힌두 문명을 받아들였고, 중계무역으로 번성하였다. 인도인의 내왕이 많아 카스트 제도를 비롯하여, 인도의 여러 제도가 채용되었다. (위키백과)

'꽝남'성의 성도는 '땀끼'(삼기 三岐 Tam Kỳ)이며 1997년 '다낭'이 베트남의 네 번째 중앙직할시가 되면서 '꽝남'성과 분리되었다. 특히 '땀끼' 이곳은 베트남전쟁 당시 치열한 전투의 현장으로, '퐁니·퐁넛' 학살 사건과 같은 비극적인 민간인 학살이 벌어지기도 했다. 삼(三) 자가 '땀'이 되는 것은 삼곡(三谷)을 '땀꼭'으로 읽는 사례에서 이미 본 것이다.

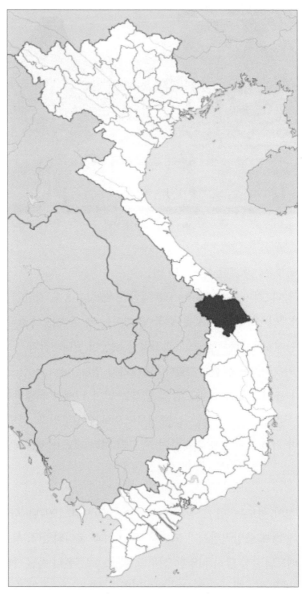

꽝남(광남 廣南 Quảng Nam)성

다낭

'다낭'(Đà Nẵng)은 베트남 중부 지방의 최대 상업 및 항구도시이자 베트남의 다섯 개의 직할시 중 하나이고, 베트남에서 '호찌민', '하노이', '하이퐁' 다음으로 네 번째 큰 도시이다. 면적은 1,285.53 km²이다. '다낭'의 이름은 참어의 'Da Nak'에서 유래하는데, 이는 '큰 강의 입구'라는 뜻이다. 1858년 프랑스 해군에 의해 점령당했고 '다낭'은 프랑스령 인도차이나의 5대 도시의 하나가 되었다.

1963년 베트남전쟁이 발발하자, '다낭'은 남베트남군과 미군의 주요한 공군 기지로 활용되었다. 그때부터 '다낭'의 인구는 1백만 명이 넘게 증가하였다. 1997년 이전에 '다낭'은 '꽝남–다낭'성의 일부였다가, 1997년 1월 1일 베트남의 네 번째 직할시가 되면서 '꽝남'성과 분리되었다. (위키백과)

베트남 역시 관혼상제나 의례에 보통 이상의 심적 물적 희생을 필요로 하는 나라다. 또 베트남을 여행하다 보면 시골 같은데서 큰일을 앞두고 고사를 지내는 장면도 심심치 않게 보게 된다. 이 역시 비용이 만만치 않게 드는 건 우리와 차이가 없어 보인다.

———————

결혼(結婚 kết hôn)은 '껫 혼'이다. 결혼식은 '레 껫혼(lễ kết hôn)'이다. 한자로는 결혼례(結婚禮)다. 결혼은 두 남녀의 결합이다. 결합(結合 kết hợp)은 '껫 홉'이다. 합리(合理 hợp lý)는 '홉리'다. 합법(合法 hợp pháp)은 '홉팝'이라고 한다.

또한 결국(結局 kết cục)은 '껫 꾹'이 된다. 발음이 재미있다. 결론(結論 kết luận)은 '껫 루언'이 된다. 논문(論文 luận văn)은 '루언 반'이다. 글을 나타내는 문

(文 văn) 자는 '반'으로 읽는다는 것은 알아두자.

　반면 결심(決心 quyết tâm)은 '꾸엣 떰'이 된다. 마음 심(心) 자는 '떰'이다. 그래서 심리(心理 tâm lý)는 '떰 리'가 된다. 결정(決定 quyết định)도 '꾸엣 딘'이다. 맺는다는 결(結 kết) 자는 '껫'이고 마친다는 뜻의 결(決 quyết) 자는 '꾸엣'이다.

꽝응아이성

　'꽝응아이'(광의 廣義 Quảng Ngãi)성 역시 '꽝남'성 못지않은 격전지로 '미라이' 학살(My Lai Massacre, 베트남어 thảm sát Mỹ Lai) 사건의 현장이다.

　미라이 학살은 1968년 3월 16일 발생한 미군에 의해 벌어진 민간인 대량 학살이다. 347명에서 504명으로 추정되는 희생자는 모두 비무장 민간인이었으며 상당수는 여성과 아동이었다. 학살당한 이중 17명은 임산부이고 173명의 어린이 그리고 5개월 미만의 유아 56명이 포함돼 있었다고 한다. 이밖에도 지역이 다르긴 하지만 한국군에 의한 민간인 학살 사건

베트남 장례식장 풍경

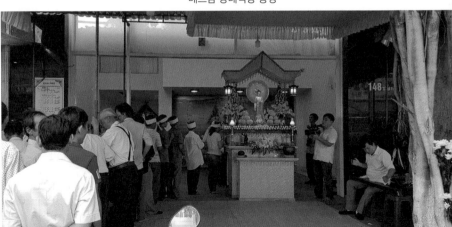

다낭 시내를 가로지르는 한 강의 낮과 밤

다낭 관광 1번지로 떠오른 바나힐 리조트의 핸드마크인 골든 브릿지

다낭 시내 관광의 중심인 다낭 대성당

도 국제문제화된 적도 있다. 또 고도 '후에'에서는 '베트콩'에 의한 대규모 학살 사건도 벌어지는 등 진영을 나눠 싸운 정치세력들 때문에 무고한 양민들이 희생당하는 비극이 격전지를 중심으로 속출했다. (위키백과)

꼰뚬성

'꽝응아이'성 서쪽은 '꼰뚬'(곤숭 崑嵩 Kon Tum)성이다. 성도는 '꼰뚬' 시이다. '바나' 족을 비롯한 많은 소수민족이 산다. '라오스'와 '캄보디아'에 접경을 하고 있다. '꼰뚬'이라는 말은 '바나족의 마을 이름에서 왔다. '바나'족의 언어에서 '꼰'은 마을을 의미하며, '뚬'은 웅덩이를 의미한다. '꼰뚬'은 프랑스 식민지 시대의 여러 흔적뿐만 아니라, 베트남 재건 마을

베트남의 고사 풍경

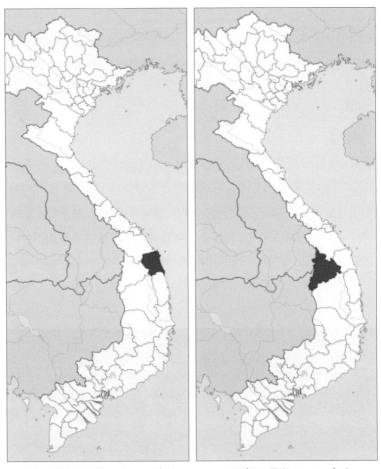

꽝응아이(광의 廣義 Quảng Ngãi) 성   꼰뚬(곤숭 昆嵩 Kon Tum) 성

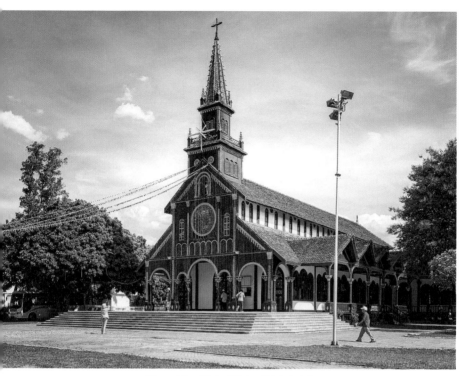

나무로 지은 꼰뚬의 가톨릭교회 (위키백과)

의 교외에 여러 부족 마을이 있다. 이 도시의 명소 가운데 로마 카톨릭 목조 교회가 있고, 프랑스가 건설한 대규모 신학교가 있다.

쟈라이성

'꼰뚬'성의 남쪽은 '쟈라이'(가래 嘉萊 Gia Lai)성이다. '잘라이'라고도 부른다. '꼰뚬'성이 서쪽으로 북으로는 라오스와 남으로는 캄보디아와 국경을 접하고 있는 반면 '쟈라이'성은 서쪽으로 캄보디아와만 경계를 나누고 있다. 성도는 '쁠래이꾸'(파리구 坡離俱 중국인 등 일부에서는 파래고(波來古)로 쓰기도 한다. 베트남어 표기는 Pleiku)시다.

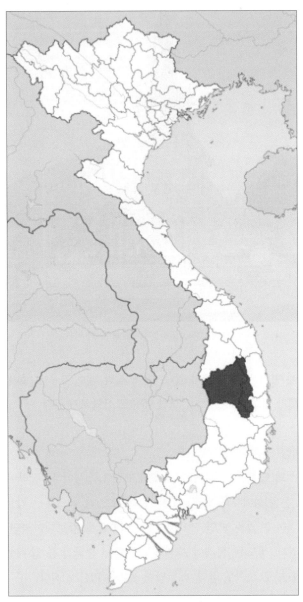

쟈라이(가래 嘉萊 Gia Lai)성

꾸이년 시 전경 (위키백과)

빈딘성

'쟈라이'성 동쪽은 '빈딘'(평정 平定 Bình Định)성이다. '빈딘'성의 역사는 '참파'(점파 占波 Chăm Pa) 왕국과 밀접한 관계가 있다. '참파'는 '참'족이 세운 나라로 '빈딘'성에서 가장 많은 소수 민족이다. '참파'는 한때 중부 베트남 대부분을 점령했고, 북쪽의 베트남과 여러 차례 전쟁을 벌였다. 그러나 점차 베트남이 '참'족을 남쪽으로 밀고 내려오면서, 980년에 '참파'는 수도인 '미선'(미산 美山 Mỹ Sơn)을 포기했다. 1470년 베트남인들이 이곳을 점령하게 된다.

'빈딘'성의 성도는 '꾸이년'(귀인 歸仁 Quy Nhơn)이다. 베트남전쟁 시절 우리나라에서는 '키논' 또는 '퀴논'으로 불리었다. '년'은 '동나이(동내.

참족의 유적 '년'탑

同奈 Đồng Nai)'성에 있는 공단 지역인 '년짝(인택 仁澤 Nhơn Trạch)'의 '년'과 같은 글자, 같은 발음이다.

푸옌성

'빈딘'성의 바로 아래 쪽이 '푸옌'(부안 富安 Phú Yên)성이다. 베트남 중앙에 있는 최동단의 성이다. 남쪽으로 '칸호아'(경화 慶和 Khánh Hòa)성과 동쪽으로는 남중국해와 접경하고 있다. '푸옌'은 바다를 낀 베트남 최동단이라는 지정학적 위치와 지하자원, 해양성 등으로 인해 경제 발전의 잠재력을 가지고 있는 것으로 평가받고 있다. 조만간 '푸옌'은 중부 베트남의 허브가 될 가능성이 농후하다. 여기서도 안(安) 자는 '안'으로 발음하는 것이 아니라 '옌'이라는 점에 주의해야 한다.

푸옌성 성도인 뚜이호아(수화 綏和 Tuy Hòa)시 인근에 있는 참족의 유적인 '년'탑은 11~12세기 초 참족 사람들이 제사를 드리던 곳이다. (위키백과)

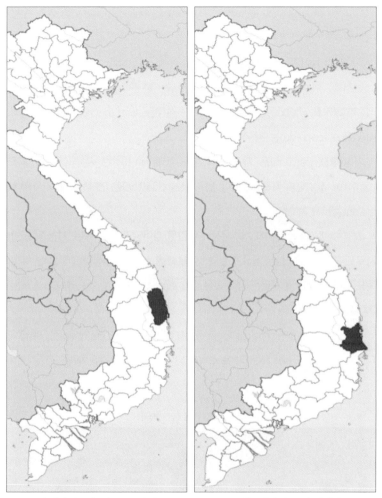

빈딘(평정 平定 Bình Định)성   푸옌(부안 富安 Phú Yên)성

'가' 자가 들어가는 단어는 많다.

먼저 집 가(家) 자부터. 가구(家具 gia cụ)는 '쟈 꾸', 가례(家禮 gia lễ)는 '쟈 레', 가보(家寶 gia bảo)는 '쟈 바오'이다. 보석(寶石 bảo thạch)은 '바오 탁'이다. 석유(石油 thạch du)는 '탁 주'로 발음된다.

가정(家庭 gia đình)은 '쟈 딘'이다. 가족(家族 gia tộc)은 '쟈 똑'이 된다. 속도(速度 tốc độ)의 속 자도 '똑'이다. 민족(民族 dân tộc)은 '전 똑'이다. 가축(家畜 gia súc)은 '쟈 쑥'이다.

가격(價格 giá cả)은 '쟈 까'. 시장에서 값을 깎아달라고 할 때는 '지암 쟈'는 한 자로도 감가(減價 giảm giá)가 된다. 감속(減速 giảm tốc)이라고 할 때는 '지암 똑도'이라고 한다. 한자로는 감속도(減速度 giảm tốc độ)다. 가치(價值 giá trị)는 '쟈 찌'로 읽는다.

더하다는 가(加) 자. 가미(加味 gia vị) '쟈 비', 가입(加入 gia nhập)은 '쟈 넙'이다. 그러나 가할 가(可) 자는 '카'로 소리가 난다. 가능(可能 khả năng) '카 낭'.

부온마투엇 광장 (위키백과)

닥락성

'쟈라이'(가래 嘉萊 Gia Lai)성의 남쪽은 '닥락'(득락 得樂 Đăk Lăk)성
이다. '닥락'은 닥락고원 주변에 자리를 잡고 있으며, 해발 600m 이상의
고지에 위치해 있다. 성도인 '부온마투엇'(반미속 班迷屬 중국인들은 방
미속 邦美蜀으로 쓴다 Buôn Ma Thuột)은 베트남 중부 고원지대 최대
도시다.

'부온마투엇'의 남쪽 60km 지점에는 '락'이라는 호수가 있다. 여기에
는 지금은 호텔로 사용하는 '바오다이'(보대 保大 Bảo Đại) 황제의 여름
별장이 있다.

바오다이 황제

'바오다이'(보대 保大 Bảo Đại 1913년 10월 22일~1997년 7월 31일)는
베트남 '응웬' 왕조의 마지막 제13대 황제이자 베트남국(베트남공화국)
의 국가원수(1949년 6월 13일~1955년 4월 30일)이다. 재위기간 중 프랑
스와 일본의 식민통치 아래에서 형식
적으로 제위를 유지하였다. 2차 세계
대전 이후 다시 프랑스의 지원으로 남
베트남에 수립된 '베트남국'의 국가
원수가 되었으며, 1949년 프랑스와
조약을 맺고 통치권을 인정받지만,
1955년 미국의 지원을 받은 총리 '응
오딘지엠'(오정염 吳廷琰 Ngô Đình
Diệm)이 국민투표를 통해 왕정을 폐
지하고 공화정을 선포하며 대통령에
오르자 프랑스로 망명해 파리에서

바오다이 황제

1997년 사망했다. 그는 이후 향락을 추구하며 퇴폐적이고 방탕한 생활을 계속하는 등 화제를 몰고 다녔다. (위키백과)

남 프엉 황후(남방 황후 南芳皇后 Nam Phương)

사실 '바오다이' 황제는 '응웬' 왕조의 마지막 왕이라는 점 때문에 유명한 것이지, 국민적 신망은 별로 없었다. 반면 그의 정실부인인 '남 프엉' 황후(1914년 12월 14일~1963년 9월 16일)는 달랐다. 그녀는 '띠엔쟝'성 출신의 미인이었다. '띠엔쟝성'은 '호찌민'의 남쪽, '미토'와 '벤쩨'의 동쪽에 위치해 있다.

'남 프엉'(南芳)이라는 시호 역시 '남쪽으로부터 오는 향기'라는 뜻으로 아름다웠다. 본명은 '응웬흐우티란'(완유씨란 阮有氏蘭 Nguyễn Hữu Thị Lan)이다. 한자로 '씨'(氏 티 Thị)가 들어가면 여자다. 베트남 남부지역 대부호의 딸이다. 13살 때 파리 가톨릭 학교에서 유학했고 이때 프랑스 국적을 취득했다. 독실한 가톨릭 신자라서, 불교를 믿는 황실에서 가톨릭 신앙 유지를 조건으로 '바오다이'의 황후가 되었다고 한다.

1934년(바오다이 9년) 3월 24일에 결혼했다. '바오다이'는 프랑스 유학 후에도 천주교로 개종하지 않았지만, 남 프엉 황후와 아들은 천주교도였다. '바오다이'와의 사이에 2남 3녀를 두었다. '호찌민'이 왕가에 대한 예우로 1만 달러에 달하는 돈을 생활비로 보내주었으나, 폐위된 황후는 그 뜻에는 감사의 뜻을 전한 뒤 그 돈을 모두 자선단체에 기부했다. 공산혁명세력이 독립국가 건설과 항불전쟁 자금 모금을 위해 금모으기 사업을 벌일 때에 모금 행사장에 나타나 금은보화 장신구들 대부분을 기부하기도 했다.

남편 '바오다이'가 남베트남으로 갔다가 '응오딘지엠'(오정염 吳廷琰 Ngô Đình Diệm)의 쿠데타로 쫓겨나는 등 우여곡절을 겪을 때 '남 프

남 프엉 황후의 사진들 (위키백과)

엉' 황후는 프랑스로 건너가 어떤 잡음도 없이 조용히 자녀들을 키우다 49세의 나이로 사망했다. (최병욱 베트남 근현대사, 나무위키)

아마도 동시대 사람이었다면 영국의 '다이애나' 황태자비보다 더 인기가 있었을 것이라는 생각마저 들게 하는 인물이다. '남 프엉' 황후의 사진 몇 장을 인터넷에서 찾아 소개한다.

응오딘지엠'(오정염 吳廷琰 Ngô Đình Diệm)

응오딘지엠(901년 1월 3일~1963년 11월 2일)은 우리나라 사람들에게는 '고딘디엠'으로 잘 알려진 남베트남의 정치인이다. 베트남 공화국의 초대 총통으로 1954년 제네바 협정 이후 프랑스군이 철수하자 미국의 지

응오딘지엠

원으로 수상이 되었고, 1955년 4월 30일 베트남 공화국 국장 권한대행을 거쳐 같은 해 10월 26일 베트남공화국 초대 총통에 취임하였다. 쿠데타를 일으켜 '바오다이'를 쫓아내고 공화정을 선언, 1956년 대통령이 되었다.

독실한 가톨릭 신자이자 민족주의자이자 철저한 반공주의자였던 '지엠'은 한때 베트남의 항불투쟁의 중심인물이기도 했다. 그러나 실권을 잡은 뒤 가톨릭교회를 너무 옹호하고 베트남 국민들 가운데 신자가 제일 많은 불교를 강하게 탄압하여 정권을 약화시키는 원인이 되었다. 기층 민중들이 베트콩에 우호적이 되는 원인을 제공하기도 했다. 농민을 중심으로 한 게릴라 저항운동이 시작되었으며, 1963년 6월에는 '사이공' 시내 한 복판에서 벌어진 승려 '틱꽝득'(석광덕 釋廣德 Thích Quảng Đức)의 분신자살로 세계적으로 주목을 받았다.

'지엠'의 동생 '응오딘뉴'(오정유 吳廷柔 Ngô Đình Nhu)는 비밀경찰과 특수부대의 책임자로 정치 탄압의 주역이었으며 베트남이라는 나라가 '뉴'의 왕국과 같았다고 할 정도였다. 또 그의 형은 '후에'의 가톨릭 대주교로 독립국이자 정교일치 국가와 같았다고 한다. 게다가 독신인 '지엠'을 위해 퍼스트레이디 역할은 동생의 부인이 대신했는데 그녀는 '틱꽝득' 스님의 분신을 '바베큐 쇼'라고 비하해 불교도의 공분을 샀다. 이들의 오만과 전횡은 모두 반공이라는 이름으로 합리화되었다.

1963년 6월 사이공 시내에서 벌어진 틱꽝득 스님의 분신.

미국의 사진가이자 저널리스트인 맬컴 브라운(Malcolm Browne)이 찍은 이 사진은 퓰리처상을 수상하였다. (위키백과)

결국 이 분신 사건은 군부 쿠데타의 도화선이 되었다. 1963년 11월 군사정변에 의하여 '지엠' 정권은 무너지고 '지엠'은 동생 '응오딘뉴'와 함께 쿠데타 군에 잡혀 죽임을 당하기에 이르렀다. 1955년부터 1957년 사이 '지엠' 정권하에서 정치적 박해로 죽은 이가 1만 2천 명에 달했고 정치범으로 투옥된 이는 4만 명이나 되었다고 한다. (최병욱 베트남 근현대사, 위키백과)

베트남산 원두를 진열해 놓은 호찌민 벤탄시장 부근 커피 원두 가게

‘닥락’(득락 得樂(득륵 得勒) Đắk Lắk)성의 성도인 ‘부온마투엇’(반미속 班迷屬 Buôn Ma Thuột)은 커피의 도시로 더 유명하다. 시내에 있는 세계커피박물관은 관광 명소다. 커피 관련 다양한 체험 프로그램도 관광객들의 마음을 사로잡는다.

부온마투엇 시내에 있는 세계커피박물관 (인터넷 블로그)

커피의 나라 베트남

베트남은 커피의 나라다. 생산량으로 따지면 브라질에 이어 2위다. 전 세계 생산량의 20%나 된다. 중부 지방의 고온다습한 기후에 기반해 발달한 베트남의 커피산업은 향이 강하고 카페인 성분이 많은 '로부스타' 품종이 주를 이룬다. 최근 해발 1천m 이상의 고원도시인 달랏을 중심으로 고급 품종인 '아라비카' 원두 생산량도 늘어나고 있다. 우리나라가 수입하는 커피 생두의 3분의 1가량이 베트남산이다. 특히 국내 믹스커피의 원료는 거의 부온마투엇에서 온 '로부스타' 품종인 베트남산이라고 보면 된다.

베트남 독자적인 커피브랜드인 '쭝응웬'(중원 中原 Trung Nguyên), '하이랜드' 등은 이미 세계적이다. 특히 '쭝응웬'의 제품인 'G7'은 커피믹스로 우리에게도 익숙한 브랜드이다. 코코넛커피로 유명한 '꽁카페'도 히트 상품이다. '쭝응웬'과 '하이랜드'가 베트남커피 대중화의 양대 산맥이라면 '꽁카페'는 레트로 흐름을 마케팅에 접목시킨 히트 상품이다. 베트남 커피의 위세가 워낙 등등한 탓에 세계를 평정한 스타벅스도 베트남에서는 기를 펴지 못한다. (이한우 키워드 동남아, 위키백과 종합)

우리나라에도 마니아층을 확보한 G7 커피믹스 (인터넷)

베트남 국민음료 '까페 다'(인터넷 블로그)

커피생산국이니 커피 원두도 매우 싸다. 최고급 원두도 100그램에 5천 원도 안 한다. 베트남 사람들은 커피 추출액과 연유를 섞어 마신다. 이는 프랑스 카페오레에서 유래된 것으로 추정된다.

'까페 다'(cà phê đá)는 길바닥 음료에서부터 고급 커피전문점에서 까지 가장 인기 있는 음료다. 설탕만 타지 않은 블랙커피라고 생각하면 오산이다. 무척 진하다. 만드는 방식도 독특하다. 얼음과 얼음을 탄 녹차 물('짜 다'라고 한다.)을 함께 준다. 천천히 얼음이 녹을 때까지 마신다. 물론 한국 사람들은 그렇게 느긋하지 않아서 항상 얼음이 반도 녹기 전에 다 마셔 버린다.

'까페 다'가 있으면 '까페 스어 다'(cà phê sữa đá)도 있다. '까페 스어 다'는 가당연유를 넣은 베트남식 아이스 커피이다. 아이스 밀크 커피다. '까페'(cà phê)는 커피를, '스어'(sữa)는 우유 등 유제품을 뜻하는 말이며, '다'(đá)는 '차가운'이라는 뜻이다. 베트남에서는 '스어'가 가당연유를 뜻하는 경우가 많기 때문에 '까페 스어 다'가 가당연유를 넣은 아이스 커피를 가리킨다. '까페 덴 농'(cà phê đen nóng)도 있다. 뜨거운 아메리카노, 즉 따뜻한 블랙커피다. 그러면 '가페 스어 농'(cà phê sữa nóng)도 있다. 이건 따뜻한 커피지만 연유가 들어간 따뜻한 밀크 커피다. '까페 다'가 있으면 '짜 다'(trà đá)도 있다. 아이스 티다.

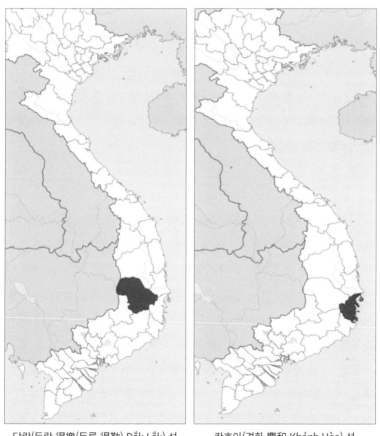

닥락(득락 得樂(득륵 得勒) Đắk Lắk) 성   칸호아(경화 慶和 Khánh Hòa) 성

칸호아성과 냐짱

'칸호아'(경화 慶和 Khánh Hòa)성은 자오선이 통과하는 부분에 위치하고 성도는 아름다운 해변으로 유명한 '냐짱'(아장 芽莊 Nha Trang)이다. '호찌민' 인근의 대규모 택지 조성이 이뤄지고 있는 '냐베' 신도시의 한자가 아피(芽皮 Nhà Bè)라는 것도 알아두자. 같은 글자다.

'경' 자에 대해 더 알아보자. '칸호아'와 같은 경사 경(慶) 자를 쓰는 경사(慶事 khánh sự)는 '칸쓰'가 된다. 경축(慶祝 khánh chúc)은 ' 칸 축'이 된다.

경고를 한다고 할 때의 경고(警告 cảnh cáo)는 '깐 까오'다. 경비를 댄다고 할 때의 경비(經費 kinh phí)는 '낀 피'다. 경제(經濟 kinh tế)는 '낀 떼'다. 경찰(警察 cảnh sát)은 '깐 삿'이다.

'냐짱'은 '호찌민'시에서 북동쪽으로 약 450km 정도 떨어진 곳에 있다. 7km에 펼쳐진 아름다운 모래사장은 베트남 최고 수준으로 평가받고 있다. 2008년 7월 14일 미스 유니버스 대회가 열렸으며 2016년에는 해변 아시안 게임을 주최하기도 했다. 현대 베트남어로의 정확한 발음은 '냐짱'이지만 '나트랑'이라는 이름으로 더 알려져 있다. 베트남전 당시 우리 백마부대 사령부가 주둔해 있던 곳이기도 하다.

또한 '냐짱'하면 떠오르는 사람은 프랑스-스위스의 세균학자 '알렉산드르 예르생'이다. 하노이에도 그의 이름을 딴 길이 있다. 다른 프랑스식 길 이름은 다 사라졌지만 '파스퇴르'와 '예르생'만은 건재할 정도로 베트남에서 인정받는 인물이다. '예르생'이 생을 마감한 '냐짱'에는 '예르생 박

냐짱의 해변 (위키백과)

물관'(Yersin Museum)도 있다. 이 박물관은 베트남을 사랑하고 '냐짱'을 사랑했던 '예르생'의 연구 장비와 편지들을 많이 소장하고 있을 뿐만 아니라 그가 세균학, 의학, 과학에 기여한 것에 대한 설명을 제공한다. 표제는 영어와 베트남어 번역과 함께 프랑스어로 되어 있다. (베트남견문록, 위키백과)

냐짱에 있는 프랑스—스위스 세균학자 예르생 박물관 내부 (위키백과)

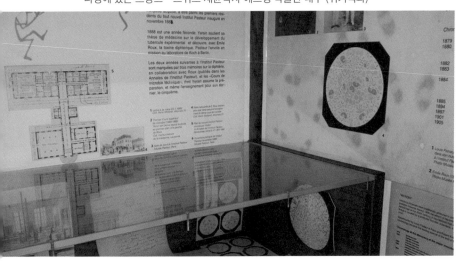

사이공이 함락된 1975년 4월 30일 통일 베트남 정부는 '푸옌'성과 '칸호아' 두 성을 합병하여 '푸칸'성으로 만들었다. 그러나 1989년 6월 30일 베트남 의회는 다시 이전 결정을 뒤집고, '푸칸'성을 예전의 '푸옌'과 '칸호아'성의 상태로 되돌려 놓았다.

'칸호아'성에는 성도인 '냐짱'과 함께 '깜란'(Cam Ranh)만이 유명하다. '깜란'만은 베트남전쟁 당시에 미국 전투기와 수송기, 병력의 집결지 역할을 한 미군 핵심 전략기지 가운데 하나였다. 2016년 5월 미국 해군의 '깜란'만 기항을 허용할 것이라는 뉴스로 세계의 주목을 받기도 했다.

또한 이곳에서 북동쪽으로 620km 정도 떨어진 곳에는 '파라셀' 군도, 남동쪽으로 520km 정도 떨어진 곳에는 '스프래틀리' 군도가 있다. 베트남이 중국, 필리핀, 브루나이 등과 영유권 분쟁을 벌이는 곳이다.

'파라셀' 군도는 중국에서는 '시사'(서사 西沙) 군도로 부르고, 베트남에서는 '황사'(황사 黃沙 Hoàng Sa) 군도로 부른다. 중국과 물리적 충돌이 잦고 베트남에서의 격렬한 반중 시위를 촉발하는 원인이기도 하다. '스프래틀리' 군도는 동쪽에 필리핀, 서쪽에 베트남, 남쪽에 보르네오섬 (말레이시아와 브루나이), 북쪽에 중국이 자리하고 있어 여러 나라가 서로 자국 영토라고 주장하는 곳이다. 중국에서는 '난사'(남사 南沙) 군도라고 하지만 베트남에서는 '쯔엉사'(장사 長沙 Trường Sa)라고 부른다. 군도(群島)는 베트남어로 '꿘다오'(Quần đảo)이다. (위키백과)

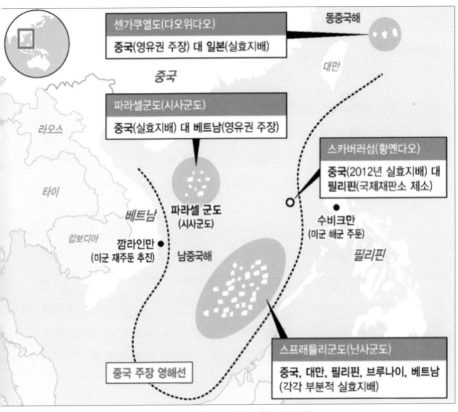

남중국해상의 영토분쟁 지도 (한겨레신문)

닥농성

'닥락'(득락 得樂 Đắk Lắk)성 아래는 '닥농'(득농 得農 Đắk Nông)성
이다. '닥락'에서처럼 '닥'은 득(得) 자의 베트남 발음이다. '농'은 농(農)
자와 발음이 같다. 북쪽으로는 '닥락'성이 경계를 접하고 있고, '럼동'(림
동 林同 Lâm Đồng)성은 남동쪽으로, '빈프억'(평복 平福 Bình Phước)
성과 캄보디아가 서쪽으로 경계를 접하고 있다. 중앙 고원지대의 남쪽에
위치하고 있으며, 해발 500m이다. 동고서저 지형을 이루며, 남쪽으로 대
규모의 평야와 호수를 이루고 있다.

농민(農民 nông dân)은 '농 전'이다. 농업(農業 nông nghiệp)은 '농 응이엡'이다. 공업(工業 công nghiệp)은 '꽁 응이엡'이다. 농장(農場 nông trường)은 '농 쯔엉'이다. 시장(市場 thị trường)도 '티 쯔엉'이다. 장소가 아닌 사람을 가리키는 시장(市長 thị trưởng)은 '티 쯔엉'이다. 농촌(農村 nông thôn)은 '농 톤'이다.

럼동성과 달랏

'럼동'(림동 林同 Lâm Đồng)성은 동쪽으로 '칸호아'성, '닌투언'(녕순 寧順 Ninh Thuận)성과 경계를 접하고 남서쪽으로는 '동나이'(동내 同奈 Đồng Nai)성, 남동쪽으로는 '빈투언'(평순 平順 Bình Thuận)성, 북쪽으로는 '닥락'성, 북서쪽으로는 '닥농'성과 경계를 이룬다. 중앙 고원지대에서 캄보디아와 접경하지 않는 유일한 성이다.

성도인 '달랏'은 '호찌민'시에서 약 300km 떨어진 곳에 위치하며 여행사 버스를 이용하면 약 6시간이 걸린다. '냐짱'에서는 약 2~3시간 정도 소요된다. 피서지로서 프랑스 식민지 시대부터 개발된 베트남 제일의 휴양지로 각광받는 곳이다. 달랏 개발에는 세균학자 예르생도 큰 영향을 미쳤다. 열대 지역인 베트남 남부에 위치하지만 해발 1,000m 넘는 고지대에 있어 연중 시원한 도시이다. 가장 더운 4월에도 최고 기온 25℃ 전후이며, 아침저녁으로 겉옷이 필요한 정도로 기온이 떨어진다. 꽃, 과수, 야채의 재배가 발달하였고, 화훼는 일본 등지로 많이 수출되고 있다.

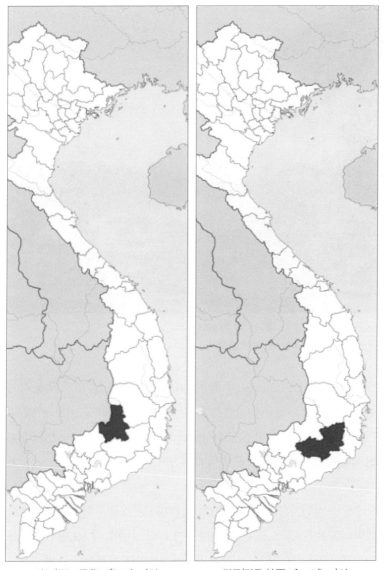

닥농(득농 得農 Đắk Nông)성   럼동(림동 林同 Lâm Đồng)성

물과 산과 하늘이 어우러진 달랏 풍경,
'쑤언흐엉'(춘향 春香 Xuân Hương) 호수 (위키백과)

'달랏'(다락 多樂 Đà Lạt. 중국인은 대력(大叻)으로 쓴다.)은 '럼동'성의 성도로 해발 1,500m에 이르는 '달랏 고원'('럼비엔' 고원Lâm Viên Plateau 또는 랑비앙 고원Lang Biang Plateau)에 자리하고 있다. '호찌민'시에서 약 300km 떨어진 곳에 위치하며 버스로 5~6시간 정도 소요된다.

프랑스 식민지 정부가 '달랏'(Đà Lạt)이라는 이름을 정식으로 사용하였다. 2023년이면 도시 탄생 130주년이 된다. 1년에 약 600만명이 넘는 관광객이 찾는다. 요양도시 내지 휴양도시로 시작해서 최고의 관광도시가 됐다. 고색창연한 최고급 호텔인 '노보텔 달랏'과 '소피텔 달랏'이 자리잡고 있다. '소피텔 달랏'은 본래 1922년에 지어진 '달랏' 왕궁이었다.

달랏 팰리스 호텔(위키백과)
1922년에 프랑스에 의해 지어진 달랏을 대표하는 고풍스런 호텔

'달랏'은 고원 지대답게 서늘한 날씨가 일년 내내 이어지며, 고랭지 채소와 화훼류, 커피 등이 경작된다. 2년마다 열리는 '꽃축제'가 유명하다. 그래서 꽃의 도시, 봄의 도시라고도 불리고 최고의 신혼여행지라는 점에서 사랑의 도시라는 별칭도 갖고 있다. (위키백과, 론리플래닛 월남, 동아시아 도시이야기)

'달랏'의 물을 상징하는 것은 '쑤언흐엉'호수이다. 1919년에 조성돼 인공호수이다. 달랏 팰리스 호텔은 '쑤언흐엉'(춘향 春香 Xuân Hương) 호수를 바라보는 쪽의 경치가 '굿'이다. 같은 이름의 골프장도 '강추'다.

닌투언성

'닌투언'(녕순 寧順 Ninh Thuận)성은 '럼동'성의 동쪽에 있다. 북쪽으로는 '칸호아'성이다. 성도는 '판랑탑짬'(반랑-탑점 潘郎-塔占 Phan Rang-Tháp Chàm)이다. 이곳은 베트남전 당시 미군의 공군기지로 활용되기도 했다. 연간 강수량이 700mm 정도로 논농사에 적합하지 않은 토지가 많다. 인프라가 정비되어 있지 않기 때문에, 대규모 산업이나 관광 등의 다른 산업의 발전도 상대적으로 더딘 편이다. '닌투언'에서 '닌'은 한자로는 녕(寧)이다. '하롱베이'가 있는 '꽝닌'(광녕 廣寧 Quảng Ninh)성의 '닌'과 같은 글자다.

빈투언성과 무이네

'닌투언'성 바로 아래가 '빈투언'(평순 平順 Bình Thuận)성이다. 앞의 '빈'은 이제 평(平) 자인 건 짐작할 수 있을 것이다. 뒤 글자 '투언'은 순(順)의 베트남 발음이다.

'빈투언'성은 베트남 동남부 지방 해안에 자리 잡고 있으며, 호찌민시와 가까운 지역에 위치하고 있다. '빈투언'은 경치가 좋고 해변이 빼어나다. 성도인 '판티엣'(반절 潘切 Phan Thiết) 시는 '무이네'(미내 美奈 Mũi Né)와 가까운 휴양 도시이며 '호찌민'시에서 북동쪽으로 약 200km 정도 떨어진 곳에 위치한다.

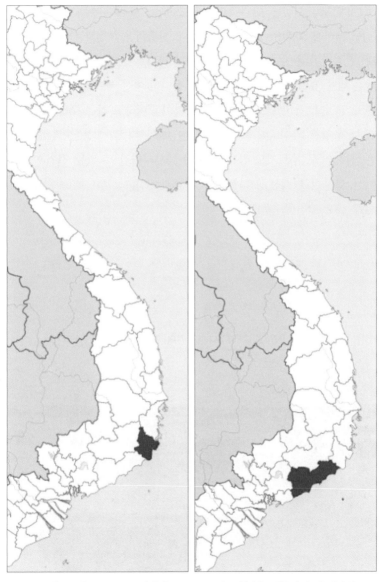

닌투언(녕순 寧順 Ninh Thuận)성   빈투언(평순 平順 Bình Thuận)성

'무이네'(Mũi Né)는 '판티엣'에서 약 20km, '호찌민'에서는 약 200km, '냐짱'에서는 300km 정도 떨어져 있다. 아름다운 해변과 사구로 유명하다. 한적한 어촌이던 이 지역은 1995년 리조트 단지로 개발되었으며 지금은 각종 휴양 시설과 음식점, 카페 등이 들어선 베트남의 대표적인 해변 휴양지다. 특히 이곳 해변에서는 '까이뭄'이라고 하는 대나무로 만든 큰 대야 같은 바구니배가 관광객의 눈길을 끈다. '까이뭄'은 '투옌퉁' 또는 '퉁짜이'로 부르기도 한다. 전후좌우로 나아갈 수 있는 전천후 배로 어선, 화물선, 여객선 등 다용도이다. (위키백과)

무이네의 명물인 대나무 바구니 배인 까이뭄(투옌퉁, 퉁짜이) (위키백과)

빈프억성

　'닥농'(득농 得農 Đắk Nông)성과 '럼동'(림동 林同 Lâm Đồng)성의 남서쪽에 위치한 곳이 '빈프억'(평복 平福 Bình Phước)성이다. 남쪽으로는 '동나이'(동내 同奈 Đồng Nai)성, 서쪽으로는 '떠이닌'(서녕 西寧 Tây Ninh)성, '빈즈엉'(평양 平陽 Bình Dương)성과 각각 경계를 이룬다. 성도는 '동쏘아이'(동수 同帥 Đồng Xoài)이다.

사막을 닮은 무이네의 사구 (위키백과)

빈프억
(평복 平福 Bình Phước)성

주의를 요하는 부분이 있다. '빈프억'의 '프억' 발음이다. 복(福) 자의 발음은 거의 대부분 '푹'(Phúc)이다. 홍강 삼각주 지방에 있는 '빈푹'(영복. 永福. Vĩnh Phúc)성에서도 볼 수 있듯이 복(福)은 '푹'으로 발음된다. 지명이 아니라도 복 복(福) 자는 거의 대부분 '푹'(phúc)으로 읽는다. 복음(福音)은 '푹 암'(phúc âm)이 되고 복덕(福德)은 '푹 득'(phúc đức)이 된다.

단, '빈프억'에서는 '푹'이 아니라 '프억'(Phước)이다. '미프억' 공단 사례에서도 '복'(福) 자가 '프억'이다. 그래서 한자로 미복(美福. Mỹ Phước)이다.

다른 '복' 자들도 마찬가지다. 복병(伏兵 phục binh)은 '푹 빈'이다. 복잡(複雜 phức tạp)은 '픅 땁'이다. 복합(複合 phức hợp)은 '푹 헙'이다.

또한 복종(服從 phục tùng)은 '푹 뚱'이 된다. 명령에 복종하다는 '푹 뚱 멘 렌 phục tùng mệnh lệnh'이 된다.

호찌민과 남부지역

1. 호찌민

호찌민시는 껀터시를 중심으로 한 메콩델타 지대의 위쪽에 자리 잡고 있다. 주변으로 떠이닌 (서녕 西寧 Tây Ninh), 빈즈엉(평양 平陽 Bình Dương), 동나이(동내 同奈 Đồng Nai), 바리어 붕따우, 롱안(용안 隆安 Long An), 띠엔쟝(전강 前江 Tiền Giang)성과 접하고 있다. (인터넷 블로그)

'호찌민'은 본래 '쁘르이노꼬'라고 불리던 캄보디아 영토였다. 하지만 베트남인들의 계속되는 남하로 중부지역의 '참파'가 축출되고, 이어 18세기에 이르러서는 남부에서도 '캄보디아' 세력이 물러나 베트남 영토에 편입되었다.

1975년 패망 때까지 월남의 수도였던 '호찌민'의 당시 이름은 '사이공'(시곤 柴棍)이었다. 이곳에 뿌리 깊게 터전을 내리고 있던 중국인들 사이에서는 '시궁'(서공 西貢) 또는 '사이콩'으로 불리었다. '시궁'은 베이징 표준어이고 '사이콩'은 광동어 발음이다.

1976년 베트남사회주의공화국 출범에 맞춰 구 '사이공' 지역과 교외의 '쟈딘'(가정 嘉定 Gia Định)성을 합쳐서 오늘의 호찌민이 되었다. 그러나 아직도 '호찌민'의 국제공항인 '떤선녓'(신산일 新山一 Tân Sơn Nhất) 공항의 코드는 '사이공'에서 따온 'SGN'인 것처럼 '사이공'의 흔적은 많이 남아 있다. (인터넷 종합)

오토바이는 베트남인들에게 운송수단을 넘는 삶의 동반자다. '하노이'나 '호찌민'이나 다른 어떤 도시나 거리에 오토바이로 넘쳐나는 건 별 차이가 없다. 베트남 인구 1억 명에 오토바이는 절반 정도라고 하니. 1가구 1차량이 아니라 1가구 2~3대의 오토바이가 된다. 그러나 최근 들어 자동차 수요가 급증하는 추세에 있고 대도시를 중심으로 교통, 환경 등의 이유를 들어 오토바이 운행 제한에 들어가려는 움직임도 있어 그 비중은 조금씩 줄어들 전망이다. 하지만 아직 베트남의 도로 교통 인프라는 자동차 증가추세와 비교할 때 턱없이 부족한 편이다. 우리나라에서 2시간이면 갈 수 있는 길도 4~5시간 이상 걸리기 일쑤다. 오토바이 세상은 당분간 이어질 것이라는 게 중론이다.

'하노이'나 '호찌민' 시내를 가다 보면 사람 4~5명을 태우고 가는 광경

러시아워 때 호찌민의 오토바이 물결 (인터넷 블로그)

도 드물지 않다. 엄마, 아빠, 아이들까지, 한 가족이 모두 한 대의 오토바이에 타고 가족소풍을 가는 광경도 보인다. 우리의 마이카 붐이 일던 시절 온 가족이 한 차에 끼어 타고 나들이 가던 시절을 상상해 보시라. 그수단이 자동차가 아니라 오토바이라고.

어지간한 승용차로는 옮기기 힘든 화물을 묘기대행진 하듯이 옮기는 화물차 역할도 맡고 있다. 또한 저녁 시간 공원엘 가보면 오토바이는 훌륭한 데이트 장소가 된다. 그러다 보니 오토바이에는 어지간한 긴급 상황에 써야 할 생활필수품은 준비돼 있다. 특히 갑자기 비를 내리붓는 베트남의 날씨에 대비하기 위해 우의는 필수다.

예고 없이 퍼붓는 베트남의 스콜

'호찌민'의 앞에는 TP가 붙는다. '탄포'로 읽는다. 한자로는 성포(城舖 thành phố)다. 중앙 직할도시라는 뜻이다. 풀네임은 '탄포쭉트억쭝으엉'(성포직속중앙 城舖直屬中央 thành phố trực thuộc trung ương)이다. 줄여서 '탄포'라고 한다. 호찌민 은 중앙정부의 직할도시 5개(하노이, 호찌민, 하이퐁, 다낭, 껀터) 가운데 하나다. 그런데 58개에 이르는 성의 성도에도 이 호칭을 붙인다. 같은 '탄포'이지만 이번에는 풀네임이 '탄포쭉트억띤'(성포직속성 城舖直屬省 thành phố trực thuộc tỉnh)이다. 위의 '탄포'는 중앙정부 직속이고 뒤의 '탄포'는 성 직속이다.

호찌민의 지리를 알기 위해서는 각 군에 대한 개요부터 알고 넘어가는 것이 좋다. 특히 우리나라의 자치구와 같은 '꿘'(군 郡 quận)에 대한 지식이 있으면 더욱 편리하다.

투티엠 2교가 2022년 4월 개통됐다. 공중에서 본 투티엠2교.

'사이공'강을 사이에 두고 오른쪽은 1군이고 왼쪽은 '투득'시로 편입된 2군의 '투티엠' 지역이다. '투티엠' 지역은 금융센터가 들어서는 등 스마트시티로 개발될 예정이다. (인터넷 블로그. 종합)

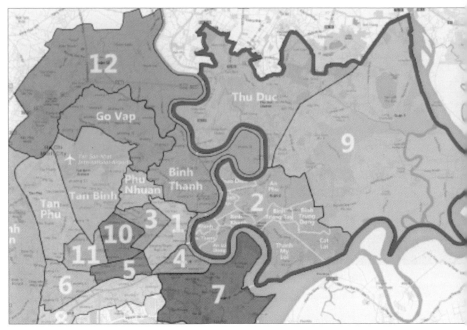

사이공강 동편의 2군과 9군 그리고 투득군을 통합해
투득시로 개편하기 전의 호찌민시 꿘(군 郡 quận) 분포도 (인터넷 블로그)

호찌민시 주요 '꿘'(군 郡 quận)에 대한 설명

● 1군

'호찌민'시의 중심으로, 옛날은 '사이공'이라고 하던 지역으로 지금도 외곽에서 1군 쪽으로 갈 때는 '사이공' 간다고 한다. '사이공'은 원래 이곳에 목화나무가 많아서 불린 '시곤'(柴棍)에서 유래했다는 설이 유력하다. 그래서 불린 '사이공'이라는 이름을 현대 중국어로 표기하다보니 한자로 서공(西貢)이라고 표기한 것이고. 지금도 공식 명칭은 '호찌민'시이고 영어로는 'Hochiminh City (HCMC)'이지만 시니어들에게는 '사이공'이 더 익숙하다. 공항을 표시하는 국제 코드에도 '호찌민'은 'SGN'이다. '사이공'이다. (도시로 보는 동남아시아사)

호찌민 2군 쪽(지금은 9군과 함께 투득시로 편입)에서 바라본 1군 지역.
초고층 아파트와 빌딩들로 하루가 다르게 스카이라인의 변화가 일어나고 있다.

'사이공'이라고 불리던 지역과 중국인 지구인 '쩌런' 등이 통합되어 지금의 '호찌민'시가 되었다. 오피스, 고급 외국계 서비스아파트, 레스토랑도 백화점이나 슈퍼도 갖추어져 있는 중심지이다. 하루가 다르게 스카이라인이 변하고 있는 호찌민의 상징이다. ('쩌런'에 대한 설명은 뒤에 이어진다)

● 투득시와 2군, 9군, 투득(수덕 守德 Thủ Đức)군

과거 2군은 '사이공'강으로 인해 중심지와 격리되어 있어서 '호찌민' 지역 중 가장 가난한 지역 가운데 하나였다. 그러나 2008년 '투티엠' 대교의 완공과 2011년 '투티엠' 터널의 완공으로 '투티엠' 신도시 개발 붐이 일고 있는 지역이다. 2022년 4월 투티엠2교도 개통했다. '호찌민'시는 앞으로 투티엠3교, 투티엠4교의 건설도 계획하고 있다.

호찌민시를 가로지르는 사이공강의 밑으로 뚫어놓은 투티엠 터널.
일본 개발자금으로 2011년 개통했다.

'투티엠' 터널은 2군과 시내 중심인 1군을 연결한다. 2군과 연결하는 '투티엠' 대교는 호찌민 지하철이 이곳을 지나게 되면 훨씬 연결이 쉬워지게 될 것이다. 시내로부터 교외로 조금 벗어나 있지만 최고급 빌라촌이 밀집된 부자 동네로 각광받고 있다.

무엇보다 2021년부터 2군과 9군 그리고 '투득'군을 통합해서 '투득'시가 출범한 것이 대사건이다. 이들 지역은 1997년 이전까지는 '투득'군으로 하나였다가 3개의 군으로 나눠진 것이니 이번에 다시 하나로 원위치한 것이다. 그러나 이번의 재통합은 그 의미가 다르다. 베트남 최초의 도시 안의 도시(City in the City)로 '하노이'와 '호찌민' 같은 특별시도, '하이퐁' '다낭' '껀터' 같은 직할시도 아닌 시할시(市轄市)가 되는 것이다. 또한 대한민국 강남을 모델로 개발되는 스마트시티이자 하이테크시티로 향후 '호찌민' 경제의 견인차 역할이 기대된다.

투티엠 터널을 타고 1군을 빠져 나오면 9군(지금은 2군과 함께 투득시에 편입)에
속해 있는 호찌민 하이테크 단지가 나온다. 삼성전자는 물론 인텔 등 세계적 첨단기업들
로고를 심심찮게 볼 수 있다.

● 빈탄(평성 平盛 Bình Thạnh)군

1군과 2군(현재 '투득'시)의 틈바구니에 있으면서 발전이 더디었지만,
지금 새롭게 개발되기 시작한 지역이다. 아직도 개발이 시작된 지 얼마
되지 않아 먼지가 많고 비가 내리면 질퍽질퍽하게 되거나 물이 흘러넘치
고 강과 같이 되어 곳도 종종 볼 수 있다. 원래 해발이 낮고 습지도 많은
곳이었던 곳으로 개발이 뒤떨어질 수밖에 없었는데 여기도 민간 개발업
자들이 들어오기 시작하면서 그 모습이 바뀌기 시작하고 있다.

● 3군

옛날 고급 주택지역으로서 양옥집이 많은 부자 동네였지만, 지금은
1군과 구분이 별로 안 될 정도가 됐다. 또 로컬이나 외국계의 유치원이나
학교도 다수 있다. 특히 3군 지역은 지하철 노선이 연결되는 역세권이라
는 점에서 호찌민 부동산업계에서 핫 플레이스로 통한다. 또한 일본 총

영사관, 독일 총영사관, 태국 총영사관, 중국 총영사관 등 아시아 각국의 영사관들이 들어서 있다.

● 푸년(부윤 富潤 Phú Nhuận)군

3군 위쪽에 위치하고 있는 주택지이다. 옛부터 주민이 많이 사는 지역으로 지금은 개발되어 토지 가격도 많이 인상되고 번화가로 변해가고 있다. 남쪽의 '푸미흥'과 비교되는 구 시가지의 고급 주택가로 주목받고 있는 지역이다.

특히 '푸년'군에는 관음사, 대각사, 등 유명 사찰이 10여개, 그밖에 크고 작은 절의 수만 해도 70여개가 넘는, 불교의 본산이다. 또 이곳에는 이슬람 사원, 베트남 토종 신흥종교인 '까오다이' 사원, 베트남 최고 규모를 자랑하는 '야딘' 교회와 베트남 한인교회에 이르기까지 호찌민 종교의 중심지이기도 하다.

● 4군

옛날은 빈민가나 사업이 망해 갈 곳 없는 사람이나 도둑들이 사는 소굴로서 사람들이 두려워 가길 꺼려하는 지역이었지만 개발이 진행되고 다리도 생기고, 도로도 깨끗이 되어 옛 이미지가 급속히 바뀌어 가고 있는 지역이다. 로컬의 공단과 주택(아파트)이 자꾸 들어서 인구가 급속히 증가하고 있다. 강과 운하를 둘러싸고 있는 삼각형의 섬 모양을 하고 있다. 북동쪽으로는 '사이공'강이 있고, 2군에 접한다. 북서쪽으로는 1군이 접하고 있고, 남쪽으로는 7군이 접한다. '사이공' 항이 4군에 있다.

'사이공' 항은 프랑스령 인도차이나 시대부터 중요한 수출입 기지로 건설되어 베트남 경제 발전에 중요한 역할을 담당해 왔다. 베트남 남부의 수출입 허브 항구이며, 국가의 경제 허브이며 물류의 중심지이다. 그

베트남 최대 물동량을 자랑했던 사이공 항 (위키백과)

러나 도시 계획의 필요성으로 인해 사이공 항의 네트워크는 '호찌민'시 외곽으로 이전되었다. '깟라이' 신항구 그리고 '티바이' 항과 '붕따우' 인근의 '까이맵' 항 등으로 이전되었다.

지금은 '깟라이' 항(Càng Cát Lái)이 베트남 최대 컨테이너 항이다. '호찌민'시 2군 '동나이'강에 위치한 '사이공' 신항만공사가 관리하는 호찌민시 지역 항만 체계의 핵심항구 중 하나이다. '깟라이' 항만역에서 외항인 '붕따우'까지 운항 거리는 69.2km, 정박 깊이는 12.5m이다. '깟라이' 항은 현재 베트남에서 가장 크고, 가장 현대적인 국제 컨테이너 항구로, 호찌민시는 남부의 90% 이상을 차지하고 거의 50%의 시장 점유율을 차지하는 세계 25대 주요 항구에 랭크되어 있다. (위키백과)

'깟라이' 항에도 변화의 바람은 불가피하다. 호찌민 '투득'시와 '동나이' 성을 연결하는 교통수단이 배로 차와 사람을 실어 나르는 것 밖에 없었으나 다리가 건설돼 육상교통으로 연결될 날이 멀지 않아 보인다. 베트남 정부가 '깟라이' 대교 건설 지점에 대한 연구에 들어가 있어서 조만간 그 성과물을 볼 수 있을 전망이다.

깟라이 대교 조감도 (인터넷 블로그)

● 5군, 6군, 10군, 11군

흔히 말하는 '쩌런'(제안 堤岸 Chợ Lớn)으로 중국인 거리다. 여기와 지금의 1군의 '사이공' 지역을 합쳐 '호찌민'시로 명명되어 100만 도시가 형성된 것이다. 5군은 대만 자본의 작은 숍이 많다. 그리고 5군과 11군의 사이로 중화계의 레스토랑이 많이 있다. 6군은 화교계 공장이나 창고가 많고 대만인들이 많이 산다. 10군은 화교계와 베트남계가 어우러져 살고 있고, 육군이 소유하는 토지를 개발 중으로 깨끗하고 새로운 뉴타운이 조성되고 있다.

중국인 거주지인 '쩌런'은 '호찌민'시의 1/4을 차지하는 넓은 지역이다. '사이공'강 서안에 위치하며, '빈떠이' 시장을 중앙 시장으로 가지고 있다. '쩌런'은 5군의 서쪽 절반과 인접한 6군, 11군으로 구성되어 있다. '호찌민'시의 중심가를 형성하는 대로인 '쩐흥다오'(진흥도 陳興道 Trần

Hưng Đạo) 거리를 메인 스트리트로 하고 있다.

그 지역은 중국인들이 오랜 기간 거주를 해왔으며, 면적으로서는 세계 최대 규모 차이나타운이다. 베트남어로 쩌(chợ)는 '시장'이란 뜻이며, 런(lớn)은 '크다'라는 말이다. 따라서 '쩌런'은 큰 시장이라는 의미이다.

'호찌민' 속의 작은 중국이라고 불린다. 17세기 명나라 유민들이 남베트남을 망명지로 선택하면서 중국인들이 거주하기 시작했고 이들이 18세기 들어 '사이공' 방면으로 이주하면서 '쩌런'이라는 중국인 집단거주지역이 형성되었다고 한다. '쩌런'이라는 이름은 19세기 초에 붙여진 이름이다. 프랑스 세력이 이곳에 들어오면서 중국인 지역은 '쩌런'으로 부르고 시가지 전역은 '사이공'으로 부르게 되었다.

중국인들이 평화롭게 이 지역에 정착한 건 아니다. 18세기말 '떠이선'의 난 때 1만여 명의 중국인이 살해되었고, '응웬' 왕조 '민망' 황제 시절에는 쌀 밀수출과 아편 수입이라는 이유로 '쩌런' 지역에 피바람이 불기도 했다. 프랑스의 지배시절에는 안정기를 맞기도 했으나 중국인들의 '물불을 가리지 않는' 성장과 경제 지배력은 언제나 베트남인들의 반발을 사기에 충분했다. 결국 주기적인 차이나타운 탄압이라는 결과를 낳았다. 베트남전쟁 시절에도 마찬가지였다. 남부를 장악한 북베트남인들에게는 '쩌런'은 부패의 온상이었고 이들에 대한 탄압은 '보트피플'의 원인이 되었고 더 나아가 1979년 일어난 중월전쟁의 불씨가 되기도 했다.

이 지역은 '호찌민'의 중국인들의 공동체이자 생활 근거지로 베트남 안에 존재하는 또 하나의 별천지다. 경제적인 면에서도 호찌민과 베트남 경제를 이끌어 가는 중요한 원동력으로서의 역할을 해오고 있다.

쩌런의 중심에 자리은 빈떠이 시장

1975년 통일 이전, 남베트남에는 120만 명의 중국인이 거주하고 있었
으며, 이 중 110만 명은 사이공 주변에 집중되어 있었고, 그중 70만 명이
이곳에 거주하고 있었다. 베트남전쟁이 끝난 후 기업의 국유화와 자산
계급의 자산 제한 등의 사회주의화 정책이 시행되었고, 또한 중월 전쟁
으로 인한 인종적 긴장에 의해 대량의 중국인들이 난민으로 베트남을 떠
나 해외로 유출되었다. 따라서 1978년에는 '쩌런'의 중국인 인구는 10만
명으로 감소했다. 도이머이 정책 시행 이후에 해외에서 귀국하는 사람도
늘면서, 그곳의 중국인 인구는 다시 50만 명대를 회복했다. (위키백과, 최
병욱 베트남 근현대사, 종합)

'푸미흥'에 들어선 최고급 주상복합단지의 일몰 풍경

● 7군

신흥 주택지로 각종 편의 시설도 갖추어진 쾌적한 도시로 특히 한국 사람들에게 인기가 많다. 신흥 한인 거주지로 각광받는 '푸미흥'(부미흥 富美興 Phú Mỹ Hưng)도 7군이다. 특히 '푸미흥'은 전혀 베트남답지 않은 곳이다. 골프 드라이빙 레인지나 테니스코트, 모래사장이 낀 풀장이나 외국계 초중학교와 국제학교 등이 갖추어진 호찌민 최고의 거주지이다. 최고급 빌라촌과 숙박시설 등이 즐비해 이곳을 처음 찾는 이들은 감탄을 연발한다.

푸미흥의 한국인 집단 거주 아파트 단지와 상가

푸미흥에서 성업 중인 인도풍 테마호텔의 안마당

떤선녓(신산일 新山— Tân Sơn Nhất) 국제공항 (위키백과)

● 8군

개발에는 뒤떨어지는 감이 있지만, 여기도 7군와 인접하여 있고 1군과도 붙어 있으므로 발전은 시간문제일 것으로 본다. 하지만 치안 상태는 썩 좋지 않다. 밤에는 한국인이나 외국인은 가급적 접근하지 않는 것이 좋다.

● 떤빈(신평 新平 Tân Bình)군

'푸년'군과 같이 주택지로 이쪽은 통일 후 북에서 온 사람이나 지방에서 온 사람들이 주택을 짓고 사는 곳이 많고. 벼락부자도 이곳에 많다. 3군, 10군, 11군, 12군, '떤푸'군, '고밥'군, '푸년'군과 경계를 접한다. 한때 '호찌민'시에서 가장 큰 군이었지만, 분할되어 '빈떤'군, '떤푸'군이 만들어졌다.

현재 베트남 최대의 공항인 '떤선녓' 국제공항이 '떤빈'에 위치한다. 따라서 주변에 많은 항공사들의 사무소가 있다.

● 고밥(아읍 鵝邑 Gò Vấp)군

'떤선녓' 공항의 뒤에 위치하고 거리가 정비되기 시작하고 개발되기 시작한 지역이다. 대부분 베트남인이 사는 곳으로 외국인용 주택이나 아파트를 찾기가 어렵다. 그러나 한적한 곳에서 유유자적하면서 생활하고 싶은 사람에게 적합한 곳이다.

새로운 행정체계인 '도시 안 도시'(시티 인 시티) 투득(수덕 守德 Thủ Đức)시에 대해서 더 알아보고 넘어가자.

'투득'(Thủ Đức)이라는 이름은 150년 전쯤 역사에 등장한다. 중국 소수민족 지도자였던 '따즈엉민'이라는 사람이 청나라로부터 쫓겨나 베트남에 들어오게 되었다고 한다. 그의 다른 이름이 '투득'이었다. 그는 당시 왕에게 베트남에 정착해서 베트남 사람으로 살게 해달라고 간청을 했고, 이후 그는 습지를 매립해 농지를 확장하고 황무지를 개간한 것은 물론 상품 교역과 시장 개발 등 호찌민의 옛 이름인 '사이공' 지역 발전에 크게 기여했다고 한다. 그 이름이 지금까지 남아 지명으로 사용하고 있는 것이다.

베트남 최초의 도시행정 모델인 '투득'시는 '호찌민'시 직속 1급 도시로 2021년 정식 출범했다. '호찌민'의 '사이공'강 동쪽 지역에 해당하는 이 신도시의 총면적은 약 211㎢로 '호찌민' 1, 4, 7, 12군과 '빈탄'군과 인접하고 있다. 호찌민시 정부는 '투득'시가 통합 후 인구 150만명, '호찌민' 지역내총생산(GRDP)의 3분의 1, 베트남 국내총생산(GDP)의 7% 기여를 목표로 하고 있다.

베트남에서 1급 도시는 국가 핵심지역과 지방간 중심역할을 하는 도시다. 현재 베트남에는 중앙정부 직속인 '하노이'시와 '호찌민'시 등 2개의 특별시와 '하이퐁'시(Hai Phong), '다낭'시(Da Nang), '껀터'시(Can Tho) 등 3개의 직할시가 있다.

또 성 직속 1급 도시는 ● 타이응웬(Thái Nguyên) ● 남딘(Nam Định) ● 푸토(Phú Thọ)성 비엣찌(Việt Trì) ● 꽝닌(Quảng Ninh)성 하롱(Hạ Long) ● 박닌(Bắc Ninh) ● 하이즈엉(Hải Dương) ● 탄호아(Thanh Hoá) ● 응에안(Nghệ An)성 빈(Vinh) ● 트아티엔후에(Thừa Thiên–Huế)성 후에(Huế) ● 칸호아(Khánh Hoà)성 냐짱(Nha Trang) ● 빈딘(Bình Định)성 꿰년(Quy Nhơn) ● 닥락(Đăk Lăk)성 부온마투옷(Buôn Ma Thuột) ● 쟈라이(Gia Lai)성 플레이꾸(Pleiku) ● 럼동(Lâm Đồng)성 달랏(Đà Lạt) ● 바리어붕따우(Bà Rịa–Vũng Tàu)성 붕따우(Vũng Tàu) ● 동나이(Đồng Nai)성 비엔호아(Biên Hòa) ● 빈즈엉(Bình Dương)성 투져우못(Thủ Dầu Một) ● 띠엔쟝(Tiên Giang)성 미토(Mỹ Tho) ● 안쟝(An Giang)성 롱수엔(Long

투득시 개발 계획도 (코트라, 호찌민시, 인터넷 블로그)

Xuyên) 등 총 19개가 있다.

특히 2군 '투티엠' 지역은 국제금융센터가 들어서고 하이테크 단지가 들어서 있는 9군에는 첨단기술 산업단지와 스타트업기업 육성 기지로 자리매김할 것이다. 또한 '투득'군 지역엔 호찌민 국립대학교를 비롯한 주요 대학들을 포진시켜 양질의 인적자원 배양기지로 활용하도록 계획하고 있다. 여기에 각종 고속도로가 지나는 교통의 요충지이자 '롱탄' 국제공항과 인접해 육상과 수상은 물론 항공물류까지 3박자를 갖춘 신도시로 자리 잡을 전망이다. '호찌민'시가 의욕적으로 시작한 전철 1호선 노선의 절반 이상이 '투득' 신도시에 위치한다.

2군 '투티엠' 지역에는 2008년 개통된 '투티엠'1교를 시작으로 '투티엠'2교가 2022년 4월말 개통됐다. 여기에 그치지 않고 '투티엠'3, '투티엠'4교까지 건설이 예정돼 있다. '호찌민'시 도심인 1군 지역은 물론 4군과 7군 지역과의 소통을 원활하게 만들어 '투득'시 교통을 조기에 안정화하겠다는 것이다.

호찌민시 정부는 이 계획은 3단계로 나눠 올해까지를 구축단계로 잡고, 2039년까지는 시행단계, 2040년까지는 완성단계로 설정해 놓고 있다. (베한타임즈, 인사이드비나, 굿모닝베트남, 신짜오베트남, 코트라)

호찌민의 관문 '떤선녓' 국제공항

한자로 신산일(新山一 Tân Sơn Nhất)이다. 새 신(新 tân)자의 발음이 '떤', 메 산(山 sơn) 자는 '선', 한 일(一 nhất) 자는 하나, 둘, 셋의 '못 một-하이 hai-바 ba'에서처럼 못이 아니라 '녓'이다. 못은 우리말의 하나 둘 셋에서처럼 순수 베트남 말이다.

베트남의 공항에서는 환송과 마중을 청사 바깥에서 해야 한다. 공항

떤선녓 국제공항

직접 이용자들만 청사 안으로 들어갈 수 있다. 그래서 늘 사람들로 터져 나간다.

일본의 일자는 날 일(日 nhật)자 지만 발음은 한 일(一 nhất)자와 같은 '녓'이다. 성조만 다르다. 두 이(二 nhị)자는 '니'이고 석 삼(三 tam)자는 '땀'으로 읽는다.

일(一) 자를 한 번 살펴보자. 일반(一般 nhất bản)은 '녓반'이다. 일생(一生 nhất sinh)은 '녓신'이 된다. 일동(一同 nhất đồng)도 '녓동'으로 읽는다. 통일(統一. thống nhất)은 '통녓'이다. 통(統 thống) 자는 우리와 거의 발음이 비슷하고 일 자는 역시 '녓'으로 소리가 난다. 일본(日本)의 발음도 '녓반(Nhật Bản)이다.

이(二 nhị) 자는 '니'가 된다. 이등(二等 nhị đẳng)은 '니당'이 되고 이십(二十 nhị thập)을 한자어로 읽으면 '니텁' 정도가 된다.

삼(三 tam) 자는 '땀'으로 읽는다. 삼각(三角. tam giác)은 '땀지악' 정도로 소리가 난다. 육군과 해군과 공군을 모두 지칭하는 삼군(三軍. tam quân)은 '땀꿘'이 된다. 세관을 뜻하는 해관(海關. hải quan)은 '하이꽌'으로 읽는다.

여기서 두 이(二) 자가 아닌 '이' 자들과 파생어도 알아보자.

이론(理論 lý luận)은 '리 루언'이다. 논문(論文 luận văn)은 '루언 반'이다. 글을 나타내는 문(文 văn) 자는 '반'으로 읽는다. 또 논쟁(論爭 loạn tranh)은 '루언 짠'이다.

이익(利益 ích lợi)은 '익 러이'라고 한다. '러이'와 '익'이 자리를 뒤바꾼 것이다. 이주(移住 di trú)는 '지 쭈'다. 이력(履歷 lý lịch)은 '리 릭'이라고 읽는다. 이혼(離婚 ly hôn)은 '리 혼'이다. 결혼(結婚 kết hôn)은 '껫 혼'이다.

'떤선녓'(新山一 Tân Sơn Nhất) 공항 주변 지역은 구역상 '떤빈'군(郡 quận)이다. 그 '떤빈'을 한자로 쓰면 신평(新平 Tân Bình)이다. 떤은 '떤선녓'에서처럼 새 신(新. tân)자, 빈은 편평할 평(平 bình)자다. '호찌민' 인근 '빈즈엉' 역시 평(平)자가 들어간 것이다. 한자로는 평양(平陽 Bình Dương)이다. '빈느엉'으로 읽는 북한의 수도 평양(平壤 Bình Nhưỡng)과는 양 자가 다르다.

6군의 서쪽으로는 '빈떤'군도 있다. 한자로는 '빈'은 평(平) 자이고 '떤'은 신(新) 자이니까 평신(平新 Bình Tân)이 된다. 공항의 동쪽으로는 '빈탄'군도 있다. 이 역시 평(平) 자가 들어간다. '탄'은 성(盛 Thạnh) 자다. 그래서 '빈탄'은 평성(平盛 Bình Thạnh)이 된다.

또 '떤빈'군 왼쪽에 있는 '떤푸'군의 '떤푸'는 역시 새 신자 '떤'이 들어가 한자로는 신부(新富 Tân Phú)로 쓴다. 공항 북쪽 지역은 '고밥'군이다. 이게 무슨 소린가 싶어도 도무지 짐작이 가지 않지만 이것 역시 한자어다. 한자로는 아읍(鵝邑 Gò Vấp)이 된다. 아(鵝 gò) 자는 거위라는 뜻이다. 이곳이 거위 동네인가보다.

유독 '호찌민' 지역의 지명에 많이 쓰이는 '푸' 자를 살펴보자. 한자로

한국인들의 집단 거주지로 떠오른 구 2군 안푸―안칸 단지 입구. 이제는 투득시다.

는 부자 부(富 phú)자다. 2군의 '안푸안칸' 아파트 인근 지역에는 한국 사람들이 많이 산다. '안푸'는 한자로 안부(安富 An Phú)다. '안칸'은 안경(安慶 An Khánh)이다. 편안할 안(安. an)자는 우리와 거의 같은 소리다. 편안하고 부유하고 편안하고 경사스럽다. 글의 뜻으로만 보면 사람이 살기 좋은 곳이다. 그래서 신도시로 각광받는 것일까?

부(富 phú)자가 들어간 지명을 더 찾아보자. '떤빈'군 옆에 있는 '푸년'군에도 '푸'가 들어있다. 한자로는 부윤(富潤 Phú Nhuận)이다. 부유하고 윤택하다는 뜻이다. 역시 사람 살기에는 적당한 곳일 것 같다.

하나 더. 신 한인촌으로 각광받고 있는 7군의 '푸미흥'에도 '푸'가 들어있다. 한자로는 부미흥(富美興 Phú Mỹ Hưng)이다. 세 글자 모두 좋은 뜻이니 틀림없이 살기 좋은 곳일 게다. 한국 사람들이 이런 지명의 뜻을 알고 몰려드는 것은 아닌 것 같은데도 코리안 러시는 계속되고 있다.

'푸미흥'에서는 사실 베트남 말을 몰라도 생활하는 데 큰 불편이 없을

호찌민 한국국제학교

정도다. 한국 생필품은 거의 다 있다. 청송 꿀사과, 완도 김 등 지방 특산물도 있다. 롯데마트 등 쇼핑가에서는 한국의 지방자치단체들의 특산물전도 심심찮게 열린다. 정작 우리나라에서 먹기 힘든 전통음식도 쉽게 접할 수 있다. '푸미흥'에서 한국 사람들이 가장 많이 산다는 '스카이가든' 아파트 단지에는 교회, 성당 등에 다니는 사람들이 지역 모임을 가질 정도다. PC방도 만화방도 있을 건 다 있다.

'푸미흥'에는 우리 교민사회의 구심점 역할을 하는 '한국국제학교'도 있다. 유치원과 초중고 전 과정이 개설되어 있으며 재학생 숫자만 1천 명을 훨씬 넘은 지 오래다. 정원 초과로 입학하기도 쉽지 않다. 대기자 숫자도 엄청나다. 베트남 열풍이 계속될 전망이어서 한국국제학교 입학난은 당분간 계속될 전망이다. 또 2019학년도 대학입시부터는 명문대 합격자들을 대거 배출해 주목을 받고 있다.

다시 공항 쪽으로 눈길을 돌려보자. '떤빈'군의 중심도로는 '꽁호아' 거리다. 한자로는 민주공화국 내지 공화당이라고 할 때의 공화(共和 Cộng

호찌민의 뉴 한인촌 지구인 푸미흥 신도시. 7군에 있다.

Hòa)다. '호찌민'의 올드 코리아타운이다. '하노이'의 올드 코리아타운이
'쭝호아' 거리라는 점을 닮았다. '하노이'의 뉴 코리아타운은 '미딘' 지역
이라는 것도 하노이 편에서 공부했다.

———

공 자에 대해 알아보자.

먼저 공화(共和 cộng hòa)는 민주주의건 공산주의건 즐겨 쓰는 용어다. 베트
남말로는 '꽁호아'다. 공동(共同 cộng đồng)은 '꽁동'이다. 공산(共産 cộng sản)
은 '꽁산'이 된다. 공산당(共産黨 Cộng sản đảng)은 '당꽁산'이다. 수식어가 뒤에
가는 원칙 때문이다.

공개(公開 công khai)는 '꽁카이'가 된다. 개막(開幕)은 '카이막(khai mạc)'이
다. 재산(財産 tài sản)을 공개하다는 '꽁카이 따이산'으로 읽는다. 공원(公園
công viên)은 '꽁비엔'이다. 국립공원(國立公園)은 국가공원으로 '꽁비엔 꿕지아

(công viên quốc gia)'가 된다.

공중(公衆)은 다른 말로 공공(公共 công cộng)이다. 베트남말로는 '꽁꽁'이 된다. 공주(公主 công chúa)는 '꽁쭈어'다. 공평(公平 công bằng)하다는 '꽁방'이다.

평(平 bình)자는 주로 '빈'으로 발음된다. 그러나 이처럼 '방'으로도 소리가 나는데 하노이 북쪽 중국과의 국경지대에 있는 '까오방'성 역시 '방' 자는 한자로는 평(平)이어서 전체로는 고평(高平 Cao Bằng)이 된다. 주의가 필요하다.)

공업(工業 công nghiệp)은 '꽁응이엡'이다. 농업(農業 nông nghiệp)은 '농응이엡'이다. 공격(攻擊 công kích)은 '꽁끽'이라고 한다. 공군(空軍 không quân)은 '콩꿘'이다. 해군(海軍 hải quân)은 '하이꿘', 육군(陸軍 lục quân)은 '룩꿘'이 된다.

'꽁호아'와 이어지는 도로가 '호앙반투' 길이다. 한자로는 황문수(黃文樹 Hoàng Văn Thụ)다. '하노이'에도 있는 길 이름이다. 공설운동장이 있는 '호앙반투' 공원도 여기에 있다. 이 근처에 통일병원(統一病院 Thống Nhất bệnh viện)이 있다. 읽을 때는 '벤비엔 통녓'이다. 통일(統一 Thống Nhất)은 '통녓'이고 병원(病院 bệnh viện)은 '벤비엔'이다. 피수식어가 앞으로 수식어는 뒤에 온다는 건 이미 알고 있을 터.

이 병원 인근에는 '호앙반투' 거리와 교차되는 '쯔엉찐' 거리가 있다. 한자로는 장정(長征 Trường Chinh)이다. 베트남공산당 서기장을 지낸 '당쑤언쿠(鄧春區 Đặng Xuân Khu)'가 중국 공산당 지도자 마오쩌둥의 대장정을 본떠 자신의 이름을 장정을 의미하는 '쯔엉찐'으로 바꾸어 얻은 이름이다. '하노이'에서도 살펴본 이름이다.

병원(病院. bệnh viện)의 원(院 viện) 자는 '비엔'으로 읽는다.

'원' 자는 '비엔'으로 읽거나 아니면 '응웬'으로 읽는 것이 대부분이다. 원(元, 原, 源) 정도는 '응웬'이 되고 나머지는 '비엔'이라고 보면 된다. 하지만 제일 정확한 방법은 그 때 그 때 확인하고 구별해 보는 것이다.

'떤선녓' 공항 인근에는 '허우장', '탕롱'이라는 길이 있다. 한국 사람들이 많이 사는 곳이다. '허우장' 길에는 한글 간판이 늘어서 있다. 우리말이 통하는 '올드 코리아타운'이다. 한국에서 먹던 고향 맛을 어렵지 않게 만날 수 있는 곳이다.

'허우쟝'은 후강(後江 Hậu Giang)이라고 한자로 쓴다. 뒤 후(後. hậu) 자는 '허우'로 읽는다. 메콩델타 지역에 같은 이름의 성도 있다.

후대(後代 hậu đãi)는 '허우다이'가 되고 후방(後方 hậu phương)은 '허우프엉'으로 읽는다. 후문(後門 hậu môn)은 '허우몬'이다. 또 고도 '후에'를 가로지르는 강 이름이 '흐엉쟝'인데 한자로는 향강(香江 Hương giang), 일상적으로 송흐엉(sông Hương)이라고 한다.

방향을 가리키는 방(方 phương)은 '프엉'으로 읽는다.

그러나 하노이 옆에 있는 '하이퐁'의 '퐁'은 방(防 phòng) 자의 독음이다. 해방(解放 giải phóng)도 '쟈이퐁'이 된다. 방풍(防風 phòng phong)은 재미있는 발음이 된다. 바로 '퐁퐁'. 방화(防火 phòng hỏa)는 '퐁화'가 된다. 방공(防空

phòng không)은 '퐁콩'이다.

다른 글자인 방(放 phóng) 자 역시 발음은 '퐁'이다. 방심(放心 phóng tâm)은 '퐁땀'이 된다. 그렇다면 방학(放學 phóng học)은 '퐁혹' 이 된다. 베트남에서는 여름방학밖에 없다. 때문에 방학을 말할 때 모두 다 여름방학이라고 생각한다.

재미난 건 방화(防火 phòng hỏa)나 방화(放火 phóng hỏa)는 불을 막는다와 불을 놓는다는 뜻이 서로 다르지만 발음은 같이 '퐁호아'로 난다는 거다. 다만 성조에서 차이가 날 뿐이다.

'하노이'의 옛 이름인 '탕롱'은 승룡(昇龍 Thăng Long)이다. 2010년 10월 10일은 '하노이' 정도 천년 기념일이었다. '리타이또' (李太祖 Lý Thái Tổ)가 새 왕조의 국운을 번성케 하고자 새 수도를 물색하던 중, 용이 승천한 것 같은 모양의 지세를 발견하고 이름을 '탕롱'(昇龍 Thăng Long)이라 짓고 정도를 한 것이 1010년의 일이라는 건 하노이 편에서 공부했다. 여기서 유래된 이름이 '탕롱'이다. '하노이' 편에서 공부한 내용의 복습이다. 베트남 곳곳에서 이 이름이 발견된다.

————

태(太 thái) 자는 '타이'로 읽는다. 태(太 thái)와 태(泰 thái)는 같은 뜻으로 쓰이니까 태산(泰山 thái sơn)은 '타이선'으로 태양(太陽 thái dương)은 '타이즈엉'으로 읽는다. 태평(太平 thái bình)하다고 할 때도 '타이빈'이다. 태평양(太平洋 Thái Bình Dương)은 당연히 '타이빈즈엉'이 된다. 평(平 bình) 자가 '빈'으로 소리 나는 경우는 지명에서 훨씬 더 많은 예를 찾을 수 있다.

'쯔엉찐' 거리와 '호앙반투' 거리가 만나는 곳에 '칵망탕땀'이라는 거리
도 만난다. 공항이 있는 '떤빈'군에서 시작해 10군과 3군까지 이르는 거
리다. 한자로는 '8월 혁명(8月革命)'이다. 하노이에도 이 길이 있다. 혁명
(革命)을 '칵망'이라고 읽는다. 명(命) 자는 여기서는 '망'으로 읽지만 명령
(命令)이라고 할 때는 '멘렌'이 된다는 점에 주의해야 한다.

중요한 역사적 사건인데다 길 이름에 나오니 '하노이' 편에 이어 다시
공부하자.

칵망탕땀(8월 혁명 8月革命 Cách Mạng Tháng Tám)

1945년 8월 일본의 무조건 항복을 받아 8월 17일부터 28일까지 베트
남 전역에서 일어난 일제 봉기이다. 이 혁명으로 베트남 마지막 왕조인
'응웬'(완 阮 Nguyễn) 왕조의 마지막 '바오다이'(보대 保大 Bảo Đại) 황
제가 퇴위했다. 또 이 혁명의 결과물로 9월 2일에는 '호찌민' 주석이 '하
노이'의 '바딘'(파정 波亭 Ba Đình) 광장에서 독립선언을 했다. 이날은
베트남의 건국기념일이다. 이 혁명의 결과, 베트남 민주공화국이 세워졌
지만, 일본군에 승리한 프랑스군(연합국)이 다시 인도차이나를 식민지화
하려고 시도하자 유혈 항쟁이 벌어져, 제1차 인도차이나 전쟁으로 이어
지게 되었다. 베트남 헌법에도 첫머리에 "베트남은 호찌민 주석의 8월 혁
명 정신에 따라 세워진 사회주의공화국"이라고 밝히고 있다. 8월 혁명의
의미와 무게감을 짐작할 수 있다.

이를 이끌었던 조직이 바로 '비엣민'이다. 우리에게는 '베트민'으로 더
알려져 있고 '월맹'(越盟 Việt Minh)이라는 한자 이름으로도 불린다. '비
엣민'은 베트남 독립동맹회(越南獨立同盟會 Việt Nam Độc Lập Đồng
Minh Hội)의 약칭이다.

1941년 '호찌민'을 중심으로 인도차이나 공산당과 다수의 베트남의 민

비엣민 당기. 현재 베트남 국기인 금
성홍기와 흡사하다.

족주의 계열 정당의 동맹으로 결성된 통
일전선 조직이었다. '비엣민'의 당면 목
표는 프랑스로부터 베트남의 독립 쟁취,
일본 제국에 대한 저항, 베트남 전토(全
土)에 토지 개혁 실시 등이었다.

'비엣민'은 1941년에 베트남 선전해방
군(Vietnam Propaganda Liberation Army)을 조직하여 본격적인 군
사 활동을 전개하였다. 1945년 일본 패망 후 프랑스가 다시 꼭두각시로
세워놓은 '바오다이' 황제의 베트남국을 무너뜨리고 베트남 북부 지역을
빠르게 점령하여 베트남 민주공화국(북베트남)을 세웠다. 이후 베트남을
다시 식민지로 만들려는 프랑스에 대항하여 승리를 거두었고 베트남의
실질적인 독립권을 확보하는 데 성공한다. (위키백과, 종합)

또 11군부터 10군을 거쳐 이어지는 거리 이름으로 '바탕하이' 대로가
있다. 이 길은 1군 인근까지 이어져 '칵망탕땀' 거리와 연결된다. 역시 하
노이에도 같은 이름의 길이 있다.

복습하는 차원에서 '바탕하이'(2월 3일. Ba Tháng Hai)는 2월 3일이
라는 말이다. '하이'가 2를 뜻하고 '바'가 3을 뜻한다. '탕'은 몇 월 할 때의
달을 뜻한다. 우리는 2월 3일이지만 베트남에서는 3일 2월이다. 그래서
'하이탕바가 아니라 '바탕하이'다. 이날은 베트남공산당 창립 기념일이
다. 1930년 2월 3일 홍콩에서 '호찌민'이 베트남공산당을 창립했다.

'호앙반투' 거리 남쪽으로는 한–베 수교 직후 초기 한국인 집단 거주
지였던 '팜반하이(范文二 Phạm Văn Hai)' 거리가 나온다. 그래선지 '팜
반하이'에는 한국인 식당들이 식재료를 공급받는 '팜반하이' 시장이 인근
에 있다. 이곳에 가면 보신탕', '영양탕' 등 눈에 익은 가게 간판과 베트남
의 다른 곳에서는 잘 찾아보기 힘든 한국적인 식재료들을 만날 수 있다.

호찌민시 10군 지역 바탕하이 길과 응오꾸옌 길이 교차하는 지점에 있는
호찌민 지역 최대 한인교회인 사이공한인연합교회

바탕하이 거리 표지판. 칵망탕땀 거리와 연결된다.

팜반하이 시장 앞 오토바이 주차장

호찌민에 오래 거주한 한국사람들은 이 시장 단골이다.

한자로는 범문이(范文二)다. '팜반하이'(范文二 Phạm Văn Hai 1931~1966)는 13살 때 화교가 운영하는 유리공장에서 일하면서 대 프랑스 투쟁에 참여했다. 19살 때 베트남공산당 당원이 되었다. 1967년에 영웅훈장을 추서 받았다. 1966년에 '구찌'에서 전사했다.

'응웬반쪼이(완문추 阮文追 Nguyễn Văn Trỗi)' 거리가 나온다. '응웬반쪼이' 길은 3군에서 '남끼코이응여' 길과 연결된다.

'응웬반쪼이'(완문추 阮文追 Nguyễn Văn Trỗi)는 1964년 미국대사 및 미 국방장관 암살기도 죄로 체포돼 총살된 청년 이름이다. 그는 베네수엘라와도 인연이 있다. 당시 베네수엘라 공산게릴라들이 베네수엘라 주재 미국대사관 차석을 납치하여 '응웬반쪼이'와 맞 석방을 하자고 제의했고 남베트남 당국도 이에 동의해 그는 석방됐다. 하지만 석방 3일

만에 다시 체포된 '응웬반쪼이'는 총살형에 처해졌다. 그는 죽을 때 눈가리개를 하려 하자 "마지막까지 베트남의 하늘을 보고 싶다"며 눈가리개를 거부했다는 이야기로도 유명하다.

사협집행 전의 응웬반쪼이 (위키백과)

'떤선녓' 공항의 서남쪽에는 '떤푸'군이 있다. '떤푸'의 한자는 신부(新富 Tân Phú)다. 또 '팜반하이' 거리 남서쪽 인근에 '끄우롱' 지역이 있다. 한자로는 너무나 익숙한 구룡(九龍 Cửu Long)이다. 한국이나 중국이나 한자를 쓰는 곳이라면 이 두 글자의 조합은 많이 볼 수 있다. 베트남도 예외가 아니다. 인도차이나 반도의 젖줄인 '메콩'강의 다른 이름이 '끄우롱'이다. 또 '끄우롱' 지역에 연결되는 도로로 '박하이'와 '쯔엉선'이라고 있다.

‘박하이’는 이제 연상이 가능할 것이다. 그렇다. 북해(北海 Bắc Hải)다. 동서남북(東西南北 đông tây nam bắc)이 ‘동떠이남박’이고 북(北 bắc)이 ‘박’으로 소리가 나니까 북해(北海 Bắc Hải)는 ‘박하이’다. 바다 해(海 hải) 자가 ‘하이’로 나는 것은 하노이 옆의 항구도시 하이퐁(해방 海防 Hải Phòng)에서 알 수 있다.

‘쯔엉선’은 한자로 장산(長山 Trường Sơn)이다. 산(山 sơn)은 ‘선’과 비슷한 발음이 된다는 것은 북쪽 지방의 ‘선라’성과 ‘떤선녓’ 공항에서 보았다. 한자로는 산라(山羅)와 신산일(新山一)이었다.

장(長 trường) 자는 ‘쯔엉’이다. ‘호앙반투’ 인근의 ‘쯔엉찐’의 ‘쯔엉’도 장(長)의 발음이다. 장정(長征 Trường Chinh)의 발음이 ‘쯔엉찐’인 것은 앞에서 보았다. ‘하노이’에도 같은 이름의 길이 있다.

‘쯔엉찐’의 뒤를 이어 1986년 베트남공산당 서기장에 오르는 ‘응웬반린’(완문령 阮文靈 Nguyễn Văn Linh)의 이름을 딴 길은 ‘하노이’와 ‘호찌민’ 두 도시 모두 있다. 여기서도 문(文) 자는 ’반’으로 읽는다. 하노이에서는 ‘지아럼’ 현에 있고, 호찌민에서는 7군의 ‘푸미흥(부미흥 富美興 Phú Mỹ Hưng)’ 지역을 가로지르는 가장 큰 길 이름이기도 하다.

베트남 현대사의 중요 인물 ‘응웬반린’에 대해 다시 알아보고 가자.

응웬반린

응웬반린(완문령 阮文靈 Nguyễn Văn Linh, 1915~1998)은 베트남의 독립운동가이자 혁명가, 정치인이다. 1986년부터 1991년까지 베트남 공산당 서기장을 지냈다. 14세 때 프랑스의 식민지 지배에 대한 투쟁을 시작했으며, 이후 반프랑스 독립운동가로 활동했
다. 베트남전쟁 중 여러 개의 가명을 사용하며 비
밀 게릴라 지도자로 활약하였다가 베트남전쟁이
끝난 뒤 공식적인 정치 지도자로 나섰다. 1986년
12월 제6차 전당대회에서 공산당 서기장에 취임한
이래 베트남의 개혁 개방을 이끌었다. 그의 시대야
말로 베트남이 국제사회에 다시 등장하는 분기점
이었다. 그를 가리켜 베트남 경제의 시장경제화를

응웬반린 전 베트남공산당
서기장 (위키백과)

목표로 한 경제 정책 '도이머이'(쇄신)의 강력한 입안자라고 하는 이유다.
그리하여 종종 페레스트로이카를 시작한 소련의 지도자 고르바초프에
빗대어 '베트남의 고르바초프'라고 불리기도 한다. (위키백과)

———

장성(長城 trường thành)은 '쯔엉'에 성 자의 발음인 '탄'이 붙어서 '쯔엉탄'이
된다. 성공(成功 thành công)은 '탄꽁'이었다. 성 자는 장성(長城 trường thành)
이나 성공(成功 thành công)이나 모두 '탄'으로 소리가 난다. 길다는 뜻의 장(長)
자가 '쯔엉'으로 발음이 되니까 장기(長期 trường kỳ)는 '쯔엉끼'다. 장년(長年
trường niên)은 '쯔엉니엔'이 된다. 청년(靑年 thanh niên)은 살펴본 것처럼 '탄니
엔'이었다.

인근에는 '쩐꿕타오'라는 거리도 있다. 이 거리 이름은 한자로 진국초
(陳國草 Trần Quốc Thảo)다.
진(陳) 자는 '쩐흥따오'에서도 보았듯이 '쩐'으로 읽는다. '쩐꿕타오'(진

남끼코이응여 길. 3군에서 1군까지 이어진다.

국초 陳國草 Trần Quốc Thảo 1914~1957) 역시 20세기 초 베트남공산
당 멤버다. 1930년 청년공산당에 가입했다. 1941년에 프랑스군에게 잡혔
다 풀려났다.

그 윗길이 '남끼코이응여(남기기의 南圻起義 Nam Kỳ Khởi Nghĩa)'
거리다. 거리 이름치고 길다. 한자로도 네 글자 남기기의(南圻起義)다.
'남끼'는 우리말로 하자면 남부지방이라는 뜻이다. 베트남 전국을 '박끼',
'쭝끼', '남끼'로 나눈다. 한자로는 북기(北圻 Bắc Kỳ), 중기(中圻 Trung
Kỳ), 남기(南圻 Nam Kỳ) 이다.

'남끼코이응여'에 대해 알아보자. 한자로는 '남기기의'(南圻起義)이고
베트남 말로는 '남끼코이응여'(Nam Kỳ Khởi Nghĩa)이다. 1940년 11월
23일, 프랑스-일본 침략군에 저항한 남쪽 지방 인민들의 혁명이다. 이
'남끼코이응여'의 승리가 그후 1945년 8월 혁명의 승리를 끌어왔다는 평
가를 받고 있다.

'코이응여'는 한자로는 기의(起義 khởi nghĩa)다. 봉기, 의거, 항쟁 등의 단어와 연상되는 단어다. 기(起 khởi) 자는 '코이'라고 읽는다. 기점(起點 khởi điểm)은 '코이디엠'이 된다. 기립(起立 khởi lập)은 '코이럽'이다. 그래서 독립(獨立 độc lập)도 '독럽'이 되는 것이다.

의(義 nghĩa) 자는 '응여' 정도로 소리가 난다. 그래서 의기(意氣 nghĩa khí)는 '응여키'가 되고 의무(義務 nghĩa vụ)는 '응여부'로 읽게 되는 것이다.

'파스퇴르' 거리 다음이 '남끼코이응여' 거리다. '코이(起)'가 들어가는 길 이름 가운데 관광객에게는 더 유명한 곳이 바로 호찌민시 최고의 고급 쇼핑거리인 '동코이' 거리다. 이곳에는 '루이비똥'이나 '샤넬', '페라가모', '베르사체' 등 명품점들이 늘어서 있다. 주변 특급호텔 내 상가에도 명품점들이 즐비하다. 성모대성당에서 '똔득탕' 거리까지 630미터 길이의 거리다.

'동코이'(Đồng Khởi 同起)는 일제 봉기를 뜻한다. 앞에서 본 '남끼코이응여'의 '코이'와 같은 뜻이다. 1959년부터 1960년에 걸쳐 남베트남 정권의 '응오딘지엠' 대통령에 반대해 베트남 남부의 농촌지대 및 중남부의 산악지대 주민들이 궐기한 사건을 일컫는다. 이 거리는 1954년 베트남이 남북으로 분단되고 나서는 '뜨조'(자유 自由 tự do) 거리로 불리었다. '동코이' 이름은 통일 이후에 붙여졌다. 베트남전 참전 군인들에게 이 거리는 '투도'나 '뜨조' 거리로 기억되고 있다. (도시로 보는 동남아시아사)

동코이 길과 응웬주 거리의 교차지점

　그 다음은 '팜응옥탁' 거리다. 한자로는 범옥석(范玉石 Phạm Ngọc Thạch)이다. '팜'은 한자로 범(范 phạm)이다. '팜반하이'의 '팜'과 발음이 같다. 당연히 한자도 같다. '팜반하이'가 한자로 범문이(范文二 Phạm Văn Hai)라는 건 이미 공부했다.

　'팜응옥탁'(范玉石 Phạm Ngọc Thạch 1919~1968)은 프랑스 파리에서 의학 공부를 하고 귀국 후에는 사이공에 진료실을 차려 서민들을 위한 진료에 몰두하는 한편 베트남 독립 투쟁에 헌신한 인물이다. 통일 후 보건부 장관을 지냈으며 1968년 죽을 때까지 평생 동안 인민과 조국에 대한 사랑과 헌신으로 일관했다.

───────

　옥이라는 글자는 여자 이름에도 많이 쓰이는 글자로 '응옥'이라고 난다. 문제는 돌 석(石 thạch) 자다. 발음은 '탁'이다. 석비(石碑. thạch bi)는 '탁비'가 되고 석기(石器. thạch khí)는 '탁키'가 된다. 석판(石板. thạch bản)은 '탁반'으로 읽는다.

호찌민 성모대성당. 노트르담 성당으로 더 잘 알려져 있다

'노트르담' 성당은 1880년 파리의 '노트르담'을 모델로 삼아 '조르주 에르미테'가 설계해 만든 성당이다. 성당 앞 성모상은 1959년 지금 그 자리에 세워졌다. (도시로 보는 동남아시아사)

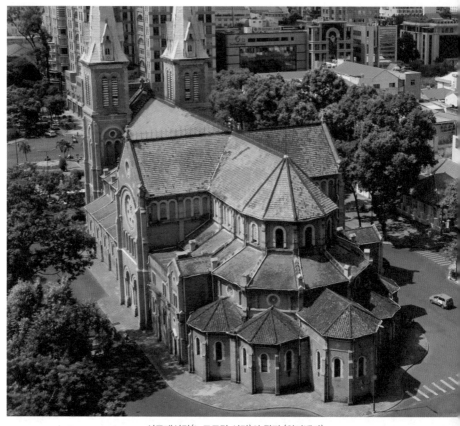

성모대성당(노트르담 성당)의 뒤편 (위키백과)

───────

이(二 nhị) 자가 어떤 때는 '하이'로 읽고 어떤 때는 '니'로 읽는지 도무지 알 길이 없다. 외국인이 우리말을 배울 때 언제 '이'를 쓰고 언제 '둘'을 쓸 지 알기 어려운 것과 마찬가지다. 그때그때 외우는 방법 밖에 없다. 그래도 한자어일 때 어떤식으로 읽는 지는 살펴보자. 일이삼사(一二三四 nhất nhị tam tứ)는 '녓니땀뜨'라고 읽는다.

일(一. nhất)은 한자어 발음은 '녓'이다. 앞에서 살펴본 '떤선녓(新山一)'에서도 녓은 일(一)이었다. 글자는 다르지만 일본(日本 Nhật Bản)도 발음은 '녓반'이다.

이 (二. nhi)는 '니'로 읽는다. '하이'로 발음되는 경우는 그때그때 알아두는 수밖에 없다. 삼(三 tam)은 '땀'이다. 삼복(三伏 tam phúc)은 '땀푹'이다. 삼각(三角 tam giác)은 '땀지악'으로 읽는다. 삼군(三軍 tam quân)은 '땀꿘' 정도가 된다.

사(四 tứ)는 '뜨'라고 읽는다. 사방(四方 tứ phương)은 '뜨프엉'이 되고 사해(四海 tứ hải)는 '뜨하이'가 된다. 사계(四季 tứ quý)는 '뜨뀌'다.

오(五 ngũ) 자도 살펴보자. 한자어 발음은 '응우'로 난다. 오십(五十 ngũ thập)은 '응우텁'이 된다. 순 한자 표기일 때다. 그러나 실생활에서 50은 '남므어이'(năm mươi)다. 오월(五月 ngũ nguyệt)도 한자어 발음으로는 '응우 응웻'이지만 실생활에서는 '탕남'(tháng năm)이다.

우리가 숫자를 읽을 때 '일이삼사'로도 읽고 '하나둘셋넷'하기도 하는 것과 비슷하다.

'호찌민' 시내 중심가로 들어가 보자. '호찌민' 시내 중심가의 상징적인 건물로는 통일궁과 '벤탄' 시장을 들 수 있다. '호찌민' 시내 중심가 여행을 통일궁에서 시작한다.

통일궁

1966년에 지은 건물이다. 1873년 이곳에는 프랑스식 '노로돔' 궁이 지어져 자리를 지키고 있었다. 이 건물 설계도 '노트르담' 성당 설계자인 '조르주 에르미테'였다. 그후 남베트남 '응오딘지엠' 대통령 공관으로 쓰다 1962년 남베트남 공군 조종사의 폭격으로 허물어졌고 1966년에 재개관한 것이다. 그후 1975년 베트남 통일 이전까지 월남 정부의 대통령궁으로 쓰인 곳이다. 1975년 4월 30일 월맹군의 탱크가 진주함으로써 베트

하늘에서 본 통일궁 (위키백과)

호찌민시 보반떤 거리 최고의 관광명소인 전쟁박물관 (위키백과)

REPUBLIC OF KOREA
1969

대한민국우표

구엔.반.티유.월남공화국대통령 방한 기념

7

남의 길고 긴 통일
전쟁은 막을 내렸
다. 통일궁 마당에
는 그 당시 탱크가
전시되어 있다. (위
키백과, 도시로 보
는 동남아시아사)

1969년 발행된 티우 대통령 방한 기념우표
(인터넷 블로그)

통일궁이라면 우리에게는 베트남 대통령으로 잘 알려진 '응웬반티에
우'(완문소 阮文紹 Nguyễn Văn Thiệu 1923~2001)가 연상된다. '구엔반
티우'로 더 익숙한 베트남 패망 직전 총통이다. '티우 대통령'으로 불리며
박정희 대통령과도 교류를 쌓았던 인물이다. 재임은 1967년부터 1975년
4월 26일 패망 4일 전까지이다. 베트남전쟁 시기 거의 전 기간 남베트남
의 최고 지도자였다. 1975년 3월 12일 중부의 '부온마투엇'이 함락되고
23일 '다낭'이 무너지고 4월 21일 '호찌민'(당시 사이공)에서 70km 떨어
진 '쑤언록'이 함락되자 26일 총통에서 사임하고 망명길에 올랐다. 대만
을 경유해 영국으로 갔다가 미국 보스턴에 정착, 2001년 사망했다. (위키
백과, 베트남견문록)

우리가 베트남전쟁에 남베트남 즉 월남에 국군을 파병했다면 월맹과
가까웠던 북한은 어땠을까도 궁금하다.

호찌민과 김일성(인터넷 블로그)

당시 대한민국은 남베트남과 혈맹의 관계를 맺고 있었다. 1964년부터 1973년까지 8년간 31만 2천여 명을 파병했고 5,099명의 사망자와 11,232명의 부상자를 기록했다. 반면 북한도 공산세계의 전폭적인 지원 기류 속에 북베트남에 대한 지원을 아끼지 않았다. 북한군은 공군 전투조종사를 파병하고 베트콩과 북베트남군에게 소총과 기관단총, 기관총, 탄환 등 무기들을 공급하기도 했다. 북베트남 학생 유학 수용도 양국 우호의 상징이었다. 그러나 베트남전쟁 이후 중국과 캄보디아와 더 가까웠던 북한은 '친 소련 비 중국'의 북베트남과는 점차 소원해졌다. (위키백과)

통일궁에서 보면 바로 앞에 버틴 현대식 건물이 포스코 건설이 지은 '다이아몬드플라자'이다. 대리석으로 마무리된 초대형 건물로 2009년 '아시아나플라자'가 들어서기 전까지 호찌민에서 유일한 한류 열풍을 상징하는 건물이었다. 지금은 롯데그룹 소유다. 코트라 같은 한국 공공기관이나 기업체 지사, 지방자치단체의 베트남 분소 등이 대거 입주해 있다.

그 앞 길 이름이 '레주언'이다. '호찌민'의 뒤를 이어 베트남공산당 제1서기를 지낸 인물로 한자로는 려순(黎筍. Lê Duẩn)이다. 이 인물 역시 하노이 편에서 공부했다. 이 길에는 미국과 프랑스의 영사관이 있고 싱가포르 자본으로 소유가 넘어간 '아시아나플라자'도 이 길을 끼고 있다. 하노이 편에서도 살펴보았다.

호찌민의 코리아러시 상징인 다이나몬드플라자

통일궁과 '다이아몬드플라자' 근처에는 '응웬티민카이'(원씨명개 阮氏明開 Nguyễn Thị Minh Khai. 1910~1941) 거리도 있다. '응웬티민카이'는 베트남공산당사에서 가장 주목할 만한 여성 가운데 한 사람이다. 하노이 부분에서 살펴본 바 있다. 1941년 총살될 당시 죄수복을 벗어 던지며 '베트남공산당 만세'라고 외칠 정도로 혁명에 몸을 던진 불꽃같은 삶을 살다간 여전사다.

통일궁 옆으로 난 '응웬주' 거리에는 대한민국 주 호찌민 총영사관이 있다. 한자로는 원유(阮攸 Nguyễn Du)다. '호찌민'식 발음은 '응웬유'지만 하노이식 발음은 '응웬주'이다. 베트남의 전통의상인 '아오자이'도 호찌민식으로 부르면 '아오야이'가 된다.

응웬주 기념관 (위키백과)

응웬주

‘응웬주(완유 阮攸 Nguyễn Du 1765~1820)’는 베트남 역사상 가장 존경받는 시인 중의 한 사람이다. 1965년에 UNESCO에서 국제문화인물로 선정했다. 그가 남긴 여러 작품 가운데 가장 유명한 작품이 ‘쭈엔끼에우(전교 傳翹 Truyện Kiều)’ 이다. ‘쯔놈’으로 쓰인 이 작품은 ‘응웬주’의 재능이 총망라된 일생일대의 결정체이자, 베트남 최고의 문학작품으로 평가받고 있다. ‘쯔놈’은 한자의 음이나 뜻을 차용하여 조합한 문자이다. 우리의 이두 표기와 비슷하다고 보면 된다. ‘응웬주’는 재색을 겸비한 뛰어난 여성 ‘투이끼에우’의 고난을 통해서 여성의 인품을 경시하는 사고, 사회를 지배하는 통치계급의 횡포, 선량한 평민의 억울함을 비판했다. 한국 〈춘향전〉과 비슷한 내용이라고 보면 된다. (위키백과)

응웬주 거리와 호찌민 최고 쇼핑거리인 동코이 거리의 갈림길

1891년 준공된 중앙우체국에는 1890년대의 '호찌민'과 인근지역 그리고 '메콩델타' 지도가 벽에 걸려 있다.

호찌민 관광의 랜드마크 가운데 하나인 호찌민우체국

응웬주 거리에 있는 호찌민 주재 대한민국 총영사관. 1975년 베트남 통일 이전까지
월남주재 대한민국 대사관으로 쓰던 곳이다.

주 호찌민 대한민국 총영사관 홈페이지

벤탄 시장과 상징물인 시계탑

벤탄 시장

'호찌민' 지역 시내외 버스 노선의 가장 중심은 '벤탄' 시장이다. 모든 버스 노선의 핵이다. 호찌민 관광의 중심이자 출발점이기도 하다. 이곳을 보지 않으면 '호찌민' 관광을 하지 않았다고 해도 과언이 아니다. '호찌민'을 찾는 한국 사람이라면 반드시 한 번 이상 찾는 곳이다. 베트남 특산물도 많이 팔지만 '짝퉁' 물건들도 수없이 많다. 이 '벤탄'도 한자의 독음이다. 글자는 빈성(濱城. Bến Thành)이다. 한자 '빈'(濱) 자가 '벤'(Bến)으로 소리나는 건 중부지방 비무장지대를 가르는 강 이름 '벤하이'(濱海)에서 공부했다.

'벤탄' 시장에서 '호찌민'시 인민위원회 쪽으로 조금 가다보면 오른쪽에 있는 것이 유명한 '사이공스퀘어'이다. 호찌민의 쇼핑 명소로 '벤탄' 시장과 쌍벽을 이루는 곳이다. 특히 짝퉁 물건의 천국이다. 짝퉁 물건으로는 우리나라 이태원이나 중국의 광저우와 함께 세계 최고 수준이다. 홍

짝퉁 천국 사이공스퀘어 입구. 어마어마한 규모다. 그것도 모자라 확장도 했다.

콩 야시장 정도는 저리 가라다

'벤탄' 시장에서 5군 방향으로 난 큰 길이 '쩐흥다오' 거리다. 역사적인 인물 가운데 베트남 사람들로부터 신으로까지 숭앙을 받는 민족 영웅 '쩐흥다오(陳興道 Trần Hưng Đạo)' 장군의 이름을 딴 거리다. 1군에서 차이나타운으로 유명한 '쩌런'까지 이어지는 큰 거리다. '쩐흥다오'는 베트남 역사에서 우리의 이순신 장군이나 을지문덕 강감찬 장군급의 인물이다. 하노이 편에서 이미 공부했다.

'호찌민' 시내 사이공 강가에 서 있는 쩐흥다오 장군 동상. 오른쪽은 호찌민시 1군 도심이고 왼쪽은 사이공강이다.

'응웬끄찐' 거리에 있는 호찌민 한인회관 건물. 정식 명칭은 대한민국 총영사관 별관이다. 오른쪽은 현판.

이 거리에서 멀지 않은 거리에 호찌민 한인회와 호찌민 한인상공인협회인 '코참'의 사무실이 있는 한인회관이 있다. 거리 이름은 '응웬끄찐'이다. 한자로는 완거정(阮居貞 Nguyễn Cư Trinh)이다.

'응웬끄찐' (阮居貞 Nguyễn Cư Trinh 1716~1767)은 '응웬' 왕조시대에 무관이면서 문관이었다. 정치, 외교 등 재능이 뛰어났던 인물이다. 고향은 고도 '후에'다. '응웬끄찐'의 '찐' 발음은 '주만찐'의 '찐'과 같은 글자다. 한자로는 주맹정(周孟貞 Chu Mạnh Trinh)으로 쓴다.

'응웬끄찐' 거리 인근에는 호찌민의 배낭여행족의 거리인 '데탐'이 있다. 이곳에 가면 베트남 사람보다 미국이나 유럽 사람들을 더 많이 볼 수 있다. '데탐'도 한자다. 제탐이고 한자로는 '提探'(Đề Thám)이다. 값싼

데탐 (위키백과)

숙박시설도 많다. 국제도시 호찌민을 실감할 수 있는 곳이다. 여행자 거리로 유명하다. 미국과 유럽에서 온 여행객들이 많다.

데탐

데탐(제탐 提探 Đề Thám 1858~1913)의 원래 이름은 '호앙호아탐'(黃花探 Hoàng Hoa Thám)이다. 19세기 말 프랑스의 침략에 항거해 일어난 저항군의 지도자로 게릴라전에 능했다고 한다. 그는 1913년 프랑스에 의해 암살당했다. 바로 옆으로는 '팜응우라오' 거리가 있다. 앞에서

데탐 거리 인근의 부이비엔 거리. 역시 외국인 배낭족들의 천국이다.

도 보았듯이 '팜'은 한자 범(范. phạm) 자의 독음이다. 응우는 한자 오(五. ngũ)자의 독음이다. '라오'는 늙을 로(老 lão) 자의 발음이다. '라오'는 중국 발음과 같다. 한자로는 범오로(范五老. Phạm Ngũ Lão)가 된다.

팜응우라오

팜응우라오(범오로 范五老 Phạm Ngũ Lão 1255~1320는 '쩐흥다오'의 사위다. 고향은 북부 '하이즈엉'에 있다. '팜응우라오'와 관련한 전설은 다음과 같다. 당시에 '쩐흥다오'가 병사들과 같이 길을 가는데 '팜응우라오'가 길을 피하지 않고, 그대로 대나무 바구니를 만들고 있었다. 병사들이 다가와서 길을 비키라고 지시를 했지만 '팜응우라오'는 들은 채 하지 않았다. '쩐흥다오'가 이유를 물으니 '팜응우라오'는 병책을 생각하느라고 오신 걸 몰랐다고 답했다. '쩐흥다오'는 이 사람이 보통사람 아니라고 판단하고 그를 데리고 갔다. 그 후 '쩐흥다오'의 딸과 결혼했다. (위키백과)

팜응우라오가 쩐흥다오의 행렬을 막고 대나무 바구니를 짜고 있는 설화도 (위키백과)

팜응우라오 길과 쩐흥다오 길의 교차점. 설화에서처럼 장인과 사위의 만남이다.

'사이공'강에서 오페라하우스까지 이어지는 거리 이름은 '응웬후에'다. 한자로는 완혜(阮惠 Nguyễn Huệ)라고 쓴다. '응웬후에' 길은 '레러이' 길을 통해 '벤탄' 시장까지 이어진다. '레러이'는 한자로는 려리(黎利 Lê Lợi)다. '레러이'는 하노이 편에서도 살펴보았듯이 15세기 군사를 일으켜 명나라 군대를 물리치고 베트남의

베트남에서 가장 아름다운 빌딩으로 손꼽히는 비텍스코 파이낸셜 타워의 위용. 현대건설이 시공했다.
호찌민 스카이라인을 대표하는 건물이다.
(인터넷 블로그)

응웬후에 동상 (위키백과)

독립을 되찾은 영웅이다. '호안끼엠' 거북이 전설의 주인공이기도 하다. '레러이'의 오른팔로 레 왕조 창업의 1등공신은 '응웬짜이'다.

'꽝쭝'(광중 光中 Quang Trung) 황제로도 불리는 '응웬후에'(완혜 阮惠 Nguyễn Huệ 1753~1792)의 원이름은 '응웬반후에'(완문혜 阮文惠)다. 1771년 형들인 '응웬냑'(완문악 阮文岳), '응웬반루'(완문여 阮文侶) 등과 함께 농민들을 모아 일으킨 '떠이선'(西山) 봉기의 주인공이다. 분열을 거듭하던 남부 베트남을 통일을 한 뒤 북부까지 통합을 한다. '꽝쭝황데'(광중황제 光中皇帝)로도 알려져 있다. 이 기간을 서산 농민봉기를 통해 탄생한 왕조라는 의미로 서산왕조(西山朝, 떠이선찌에우 Tây Sơn Triều)라고 한다. 그러나 서산왕조는 '응웬후에'의 사망 후 급하게 쇠퇴 해 버 려 불과

떠이선 농민봉기의 주역인 떠이선 3형제의 부조상. 왼쪽부터 응웬 반후에, 응웬반냑, 응웬 반투 (위키백과)

호찌민시인민위원회 앞 호찌민 상은 원래 소녀를 안고 있는 상이었으나
2015년 위의 기립상으로 바뀌었다

24년간 베트남을 지배한 단기 왕조였다. '응웬후에'는 또한 1788년 청의
건륭제가 보낸 20만 대군을 지금의 하노이 '동다'군 일대에서 물리쳐 몽
골군을 물리친 '쩐흥다오'(진흥도 陳興道), 명나라 군대를 물리친 '레러
이'(려리 黎利)와 함께 중국의 침략을 물리친 베트남의 민족 영웅으로 추
앙받고 있다. (위키백과)

'호찌민' 시인민위원회는 '응웬후에' 길의 끝에 자리잡고 있다. '호찌민'

통일궁 앞을 지나는 레주언 길과 하이바쯩 길의 교차지점

시의 상징이다. 관광객의 기념사진 촬영 포인트로 각광받는 곳이다. 베트남 통일 후 소녀를 안고 있는 '호찌민' 상을 세웠으나 2015년 '호찌민' 탄생 125주년을 맞아 좌상을 대신해 입상을 세웠다. (도시로 보는 동남아시아사)

'레러이' 거리는 '응웬후에' 거리 다음 블록에서는 '하이바쯩' 거리와 만

통일궁 앞 다이아몬드플라자 부근에서 바라본 아시아나플라자

응웬후에 길에 있는 렉스호텔 (홈페이지)

난다. '하이바쯩'은 하노이에서도 보았듯이 이파징(二婆徵 Hai Bà Trưng)이다. '둘'이라는 뜻의 베트남어 '하이'에다 '바쯩'이라는 한자어가 복합 사용된 말이다. 이징부인(二徵夫人)으로 부르기도 한다. 즉 두 명의 징씨 아주머니란 뜻이다. 이 역시 하노이 편에서 공부했다.

'하이바쯩 거리에는 금호그룹이 지은 '아시아나플라자'가 자리하고 있다. 포스코에서 지은 '다이아몬드플라자'에 이어 한국을 대표하는 복합 건물이다. 오피스, 호텔, 레지던스 등 세 건물로 구성돼 있다. 금호그룹의 경영난으로 지금은 싱가포르 자본의 소유다. 바로 길 건너(사진의 건물 왼쪽)에는 베트남전 당시 미국대사관으로 사용됐던 지금의 미국 총영사관이다. 1965년 베트콩의 폭탄테러로 기존 대사관이 피해를 당하자 1967년에 지금 위치에 새로 지은 건물이다. 그러나 1년 뒤인 1968년 베트콩의 구정대공세로 점령당하는 수모도 겪었다. 1995년 미국-베트남 국교정상화 이후 1999년 옛 대사관을 허문 자리에 새로 총영사관을 지었다. 세계적인 뮤지컬 <미스 사이공> 마지막 장면의 현장이기도 하다.

'렉스호텔'은 베트남전쟁 당시 '호찌민'(당시 사이공)의 명소였다. '레러

벤탄 시장에서 레러이 길을 따라 줄곧 오면 만나는 호찌민 오페라하우스

이' 길과 '응웬후에' 길이 교차하는 지점에 있다. 미군의 사령부가 있던 곳으로 유명하다. 지금도 외국인들이 많이 찾는 곳이다.

'벤탄' 시장 인근에는 '레라이' 거리도 있다. 한자로는 려래(黎來 Lê Lai)다. '레러이'와 혼돈을 일으키기 쉽다. 이로울 리(利) 자는 발음이 '레 러이'에서 보듯 '러이'다. 그러나 올 래(來) 자는 '레라이'에서 처럼 '라이' 로 읽는다.

레라이

레라이(려래 黎來 Lê Lai. ?~1418)는 '레러이'(려리 黎利 Lê Lợi)의 장 수다. 명나라 침략군에 의해 '레러이'가 포위됐을 때 '레러이'로 위장, 명 나라 군대를 따돌릴 수 있었다. '레러이'는 무사히 위기를 벗어났고 '레라

호찌민의 리뜨쫑 길. 사진은 똔득탕 길과의 교차지점

이'는 대신 죽었다. (위키백과) 고려 창업을 도와 왕건을 대신해서 견훤 군에게 죽은 신숭겸 장군과 비슷한 이야기의 주인공이다.

'벤탄'시장 뒷길로 '똔득탕' 길과 만나는 길로는 '리뜨쫑'과 '레탄똥' 길 이 있다. '리뜨쫑'은 한자로 이자중(李自重 Lý Tự Trọng)이고 '레탄똥'은 한자로는 려성종(黎聖宗 Lê Thánh Tông)이 된다. 이(李)는 '리'고 려 (黎)는 '레'다. 무거울 중(重) 자는 '쫑'으로 읽고, 가운데 중(中) 자는 '쭝' 으로 읽는다.

리뜨쫑

리뜨쫑(이자중 李自重 Lý Tự Trọng 1914~1931)은 길 이름에 남은 베 트남 혁명운동가 가운데 제일 어리다. 고향은 '탄호아' 성이지만 태국에 서 태어났다. 10살 때 중국으로 유학 가서 한자, 영어를 배웠다. 태국말,

영어, 한자를 잘 했다. 동지혁명청년회에 참가했다. 1929년도에 '리뜨쫑'은 동양공산청년단 설립 임무로 베트남에 돌아와서 남부지방과 베트남 공산당과의 연락 역할을 했다. 1931년 '호찌민'에서 체포돼 사형당했다. 17살이었다.

'리뜨쫑' 길과 '레탄똔' 길 사이에는 '타이반룽'이라는 이름의 거리도 있다. 한자로는 채문롱(蔡文瓏 Thái Văn Lung)이다. 한국인이 운영하는 가게들이 많이 들어서 있다.

타이반룽

타이반룽(채문룡 蔡文瓏 Thái Văn Lung)은 어려서 천주교 계통의 프랑스 학교에서 수학했다. 하지만 21세 때 군대에 징집되어 사이공으로 들어와 식민통치의 잔악한 실상을 목격한 뒤 대 프랑스 항전에 나선다. 변호사로 일하다가 1945년경 동지들과 함께 봉기를 일으킨다. '타이반룽'은 매국노의 계략으로 체포되고 지독한 고문과 취조, 회유에도 넘어가지 않고 마침내 숨을 거두고 만다. 29세였다.

레탄똥

레탄똥(려성종 黎聖宗 Lê Thánh Tông 1460~1497)은 1460년 쿠데타를 통해 '타이똥'(태종 太宗 Thái Tông)의 뒤를 이어 즉위한 임금이다.

'레탄똥'의 재임 동안 베트남은 역사상 보기 드문 안정과 번영을 누렸다. 그래서 베트남 역사상 가장 오래 통치하며 다양한 방면에서 많은 업적을 남겼다. '레탄똥'은 대내적으로 정치, 경제, 법률, 문화 등 각 방면에 걸쳐 모든 제도를 완비했으며 대외적으로는 참파를 정벌하여 영토를 확대했다. 그러나 '레' 왕조의 영광은 그의 재임 시절 절정을 이뤘으며 그

일본 음식점들이 많아 일본인 거리로도 불리는 레탄똔(Lê Thánh Tôn) 길

의 사후에는 기울기 시작했다. 레탄똥이 반포한 24개 칙령은 지금도 유명하다.

왕의 시호 가운데 태조(太祖)는 '타이또'고 태종(太宗)은 '타이똥'이다. '하노이' 편에서 공부한 '리타이또' 李太祖 Lý Thái Tô)의 '타이또'가 태조이다.

레탄똥(려성종 黎聖宗 Lê Thánh Tông)과 레탄똔(Lê Thánh Tôn) 길 이름에서 '똥'과 '똔'의 차이가 있다는 점에 주의해야 한다.

레탄똥의 24개조 칙령

● 부모는 자녀를 잘 교육시켜야 한다
● 가장은 가족 구성원의 잘못에 책임을 진다
● 남편은 일곱 가지 경우에만 자기 부인을 버릴 수 있다
● 부인은 자기 잘못 때문에 벌을 받은 후에는 자기 가정을 버릴 수 없다

- 과부는 납득할 만한 이유 없이 자기 집에 젊은 사람을 들일 수 없다
- 학식 있는 사람은 사악한 목적을 위해 권력층에 아부해서는 안 된다
- 유학자는 모범을 보여야 한다
- 상인은 정직해야 한다
- 남녀가 강 같은 곳에서 함께 목욕해서는 안 된다
- 나이 들고 경험이 있는 사람은 공회당에서 도덕적 조언을 해주어야 한다
- 악당은 규탄되어야 한다 등등 (위키백과)

한동안 '호찌민' 시내 최고층 빌딩의 자리를 지켜온 33층의 사이공트 레이드센터와 르네상스, 마제스틱, 레전드 등 5성급 호텔이 있는 '똔득탕' 길은 혁명 영웅 '똔득탕'의 이름을 딴 것이다. 사이공강을 따라 난 길이어서 전망도 좋다. 특히 야경은 환상적이다. 이들 중 '마제스틱' 호텔은 중

'호찌민'시 7군 푸미흥 단지 입구에 있는 똔득탕 대학교 (위키백과)

명소다. 이 호텔의 루프탑은 사이공 강 경치를 보기에 최고다. '미테랑' 전 프랑스 대통령, 배우 '카트린 드 뇌브' 등이 묵은 곳으로도 유명하다.

'똔득탕'은 한자로는 손덕승(孫德勝 Tôn Đức Thắng)으로 이 길에는 그의 기념관이 있다. 일본 자본으로 지어졌지만 지금은 롯데 소유가 된 레전드 호텔도 이 길에 있다. 덕(德)자가 '득'으로 소리가 난다는 사실을 알아두면 도움이 된다.

국인 사업가에 의해 1925년 문을 연

똔득탕 거리에 있는 33층 '사이공 트레이드센터'

똔득탕

'메콩델타' 지역에 있는 '안쟝'(안강 安江 An Giang)성 출신으로 1969년 '호찌민' 주석의 사망 직후 주석직을 승계한 인물이다. 그 후 1976년까지 주석직을 유지했다. 베트남의 통일 이후에도 초대 주석에 올라 1980년까지 11년간 주석 자리에 있었다. '호찌민'시 1군 사이공 강변에 그의 이름을 딴 거리에 그의 기념관이 자리하고 있고, 7군 푸미흥 신도시에 그의 이름을 딴 '똔득탕' 대학교가 들어서 있다. (위키백과)

'똔득탕'은 한자로는 손덕승(孫德勝 Tôn Đức

똔득탕 (위키백과)

빈홈시티 아파트 단지와 랜드마크 81

Thắng)이다. 승(勝 thắng) 자는 '탕'으로 읽는다. 승리(勝利 thắng lợi) 는 '탕러이'다. 이로울 '리(리)'자는 '러이'로 읽는다. 민족 영웅 '레러이'(Lê Lợi)에서도 한자는 려리(黎利)였다.

　'사이공트레이드센터'는 한때 호찌민 최고층 빌딩이었다. 최고층 기록 은 68층 높이의 비텍스코 파이낸셜 타워로 넘어갔다가 지금은 1만 세대 를 자랑하는 빈홈시티 단지에 있는 '랜드마크 81'이 최고층 빌딩이다. 베 트남 최고층이기도 하다.

빈홈시티 단지 입주민들을 위한 수영장

사이공강

'디엔비엔푸' 거리를 따라 동쪽으로 가다 보면 '호찌민'시의 젖줄인 '사이공'강을 만나게 된다. 그리고 '사이공 다리'를 건너게 된다. 이 다리를 베트남 사람들은 '꺼우 사이공'이라고 한다. 사이공은 한자어가 아니고 베트남 말에 한자를 붙인 것이라고 한다. 한자로는 서공(西貢)이라고 쓰고 읽기는 '사이공'(Sài Gòn)이라고 쓴다. 사이공 한자는 한자에서 이름이 유래한 것이 아니라 토착민들이 부르는 이름을 한자를 빌려 표기한 것으로 보인다. 이 다리를 건너야 '하노이'도 가고, '붕따우'도 갈 수 있다.

다리는 한자로 교(橋. cầu)를 쓴다. 읽기는 '꺼우'다. '꺼우'를 앞에 두고 '사이공'이 뒤에 와 '꺼우 사이공'이 되는 것이다. 하노이에서는 '꺼우 지어이'군이 있었다. 한자로는 교지(橋紙. Cầu Giấy)다.

사이공 다리를 넘어서 계속 가면 '하노이'로 가는 고속도로를 만나게 된다. '붕따우', '달랏' 등도 이 길로 가야 한다. 교통량의 폭주로 제2의 사이공 다리가 곧 건설된다. 사이공 다리를 건너자마자 오른 쪽 지역의 지

사이공 다리(꺼우 사이공)의 일몰 (위키백과)

명은 우리에게도 친근한 글자들이다. 평안(平安 빈안 Bình An), 안경(安慶 안칸 An Khánh), 안부(安富 안푸 An Phú) 등이다. 발음은 각각 '빈안', '안칸', '안푸' 등이다.

———————

편안하다는 뜻의 '안'(安) 자에 대해 더 알아보자. 우리말처럼 대부분 '안'으로 읽는다. '롱안'성도 한자로는 륭안(隆安 Long An)이고 '롱안'성의 성도도 '떤안'(신안 新安 Tân An)시다. 하지만 예외가 있다. 바로 '푸옌'성이다. 한자로는 '부안'(富安 Phú Yên)이다. 또 '하노이' 부근에 있는 '옌바이'(안패 安沛)성과 '흥옌'(흥안 興安)성에서도 안(安) 자는 '안'이 아니라 '옌'이다.

신흥주거지, '호찌민'의 강남으로 부를 만한 7군으로 가보자. '푸미흥'

사이공강을 가로질러 구 2군(9군과 함께 투득시로 편입됐다)과 7군을 이어주는
푸미교의 낮와 밤 (위키백과)

만 있는 줄 알지만 7군에는 공업단지가 있다. 최근에 '호찌민' 인근에 개
발되는 공단보다 형님 격이다. 베트남이 외자 유치를 위해 초기에 조성
한 곳으로 이름은 '떤투언'이다. 한자로는 신순(新順. Tân Thuận)이다.
다시 한번, 새 신(新) 자는 '떤'으로 읽는다.

'푸미흥' 지역에 일본 자본과 기술로 지어진 사장교가 2009년 개통되

롯데마트 베트남 1호점과 2호점 개관식 (인터넷 블로그)

었는데 이름은 '꺼우 푸미'(Cầu Phú Mỹ)다. 한자로는 부미교(富美橋)다. 대형 선박이 사이공 중심지까지 닿을 수 있도록 만든 사장교다. 이곳에서 바라보는 호찌민의 야경은 그야말로 '베리 굿'이다. 설명이 필요없다.

'푸미흥'을 가로지르는 큰 길은 '응웬반린' 대로다. 한자로는 완문령(阮文靈. Nguyễn Văn Linh) 대로다. '응웬반린'은 베트남 경제개혁 정책의 선구자 역할을 맡았던 전 베트남공산당 서기장이다.

한국 유통업체의 베트남 진출 첫 단추가 호찌민이었다. 사진은 롯데마트 1, 2호점 개점식이다. 2010년 1월 7군 푸미흥 지역에 오픈한 1호점인 '푸미흥점'은 한류의 상징이 됐다.

'호찌민' 동남부는 해안과 닿아 있다. 그곳에 '껀저'(근야 芹耶 Cần Giờ)섬이 있다. 행정단위로는 현(縣 Huyện)이다. '호찌민' 시내 중심에서 약 50km의 거리에 있다. 면적은 704.2km²이다. 베트남전쟁 당시에 전투가 격렬했던 곳으로 '꾸찌'(고지 古芝 Cù Chi), '떠이닌'(서녕 西寧 Tây Ninh)과 함께 '껀저'는 3대 혁명 사적지 중에 한 곳이다. 특히 이곳 '껀저'는 '남베트남 민족해방전선' 또는 '베트콩'(Việt Cộng)의 근거지로 유명하다.

베트콩의 근거지였던 껀저의 맹글로브 숲

베트콩

베트남전쟁 중 미국과 연합한 남베트남에 대항하기 위한 무장 투쟁 조직이다. 흔히 민족해방전선을 지칭하는 용어인 '베트콩'(Việt Cộng)은 남베트남과 그 연합군 쪽에서 베트남전쟁 중 남베트남에 저항하는 반군 단체 및 통일전선 조직을 부르는 말이며, 남베트남 해방민족전선의 군대인 인민해방군을 지칭하는 용어로도 쓰였다. 이러한 표현은 공산주의의 영향 하에 있던 민간인들도 사용했다. '베트콩'이라는 용어는 '베트남 공산주의자'를 뜻하는 베트남어 '비엣남 꽁산'(Việt Nam Cộng Sản)에서 왔다.

1960년 12월 20일에 '남베트남 민족해방전선'을 결성하면서 채택한 이들의 강령은 민족민주연합정부 수립, 진보적 민주주의의 실현, 소작료 경감과 점진적인 토지개혁, 독립적이고 자주적인 경제 건설, 남북관계 정상화와 평화적 재통일, 평화적인 중립외교정책 수립 등 10개항이었다.

1967년 8월 열린 임시전국대회에서는 창립 강령을 구체화한 새로운 정치 강령을 채택했다. 그들이 선언한 10개 항목의 내용은 다음과 같다.

- 응오딘지엠 정권 타도, 민족민주연합정부의 수립
- 진보적 민주주의 실현
- 독립적이고 자주적인 경제의 건설
- 소작료 경감과 점진적 토지개혁
- 민족문화의 건설
- 인민의 군대 건설
- 남녀동권, 민족평등, 재베트남 외인과 재외베트남인의 권리보장
- 평화적 중립적 외교정책
- 남·북 베트남의 관계정상화와 평화적 통일
- 세계평화 옹호 (위키백과)

또한 '껀저' 지역은 2000년 유네스코에 의하여 생물권보전지역으로 지정되어 있다. 동·식물이 그대로 잘 보존되어 있고, 특히 수백 마리의 원숭이가 반야생으로 생활하고 있다. 이들은 관광객들을 겁내지 않고 사람들이 던져주는 음식과 음료수를 잘 받아먹는다. 과자는 물론 술까지 훔쳐 먹기도 해 한바탕 소란이 벌어지기도 한다.

(왼쪽) 남베트남 민족해방전선(베트콩) 기 / (오른쪽) 남베트남(월남) 국기. 베트남전쟁 시기 사유월남의 지도자라고 하던 '티우' 대통령이 등장할 때 함께 등장했던 월남 국기이다.

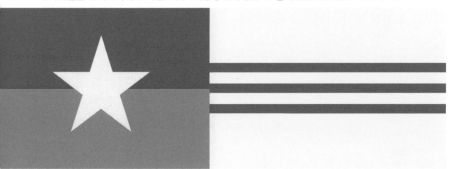

맹글로브 숲을 헤치고 달리는 모터보트. 껀저 지역의 주요 관광상품이다.

꾸찌(고지 古芝 Củ Chi) 터널

'꾸찌'는 한자로 고지(古芝. Củ Chi)다. 베트남전쟁 당시 24만 톤 이상의 폭탄이 투하됐고 5천여 회의 치열한 전투가 치러진 전쟁의 땅으로 더 유명하다. 그러나 지금은 호찌민 서북쪽의 전략개발지구로 주목받고 있다. 호찌민 중심가에서 북서쪽으로 40여km밖에 떨어져 있지 않다. '캄보디아'와 접해 있다. 원래 길이는 200km 이상이었지만 지금은 120km 정도만 남아 있다. 베트남전쟁 당시 남베트남 해방민족

껀저 섬의 원숭이가 콜라 캔을 따서 마시고 있다.

'꾸찌 터널 사용법을 시연해주는 가이드

전선(베트콩)에 의해 건설되었으며 미군 기습용으로 쓰였다. 터널 안에는 병원과 부엌, 식당, 침실, 회의실 등이 설치되었다. 미군은 어디서나 나타나는 베트남군 때문에 골치가 아팠다. 1968년 베트콩이 이 터널을 타고 미국과 남베트남의 군사 시설을 공격한 구정공세로 세계적으로 알려졌다. (위키백과, 종합)

꾸찌 터널 내부 (위키백과

꾸찌에 있는 한세베트남 공장의 퇴근 시간 풍경 (위키백과)

'꾸찌'에 터널 관광지만 있는 게 아니다. 한국의 섬유봉제 기업들이 속
속 자리를 잡고 베트남 경제의 활력소가 되고 있다. 그 대표적인 기업이
한세실업이다. 위의 사진은 '꾸찌'에 있는 한세실업 공장의 퇴근시간. 끝
없는 오토바이의 행렬이다. 여기서 만들어지는 수천만 벌의 옷들은 '나이
키', '아메리칸이글' 등의 브랜드를 달고 전 세계 개별 매장을 비롯해 월
마트 등 대형마트에서 팔리고 있다. 그래서 홍보 카피도 '미국인 3명 중
1명은 한세실업 옷을 입고 있다'이다.

2. 호찌민 주변 남부지역

'호찌민'을 중심으로 그 주변지역은 한국 사람들 밀집 거주지역이다. 주로 공단이 많다. 초대형 글로벌 재벌기업부터 인건비 때문에 이곳에 터를 잡은 중소기업까지 수많은 한국업체들이 가동 중이다. 한국업체들을 위한 공단도 있고 한국 사람이 분양한 공단도 있다. 이를 중심으로 크고 작은 한인타운이 형성돼 있다. 그리고 베트남의 관광 보고 '메콩델타'로 이어지는 남부 지역이 있다.

먼저 '호찌민' 인근 지역을 둘러보자.

동나이성

'동나이'성은 한자로 동내(同奈 Đồng Nai)다. '동나이'성에는 한국인 기업들이 다수 진출해 있다.

베트남 성공 신화의 최고 주인공은 고 박연차 회장의 태광실업이다. 박 회장이 1994년 맨 처음 진출한 곳도 '동나이'성이다. 박 회장은 여기를 발판으로 2009년 '떠이닌'(서녕 西寧 Tây Ninh)성의 '목바이'(목패 木牌 Moc Bai), 2016년 '껀터'(근저

고 박연차 회장
(인터넷 블로그)

芹苴 Cần Thơ)에까지 진출했다. 연간 신발 생산 5천만 켤레, 고용인원 6만 3천 명. 베트남에서 국빈 대접을 받은 것도 무리가 아니다. 태광실업

동나이성 태광비나 공장 (매일경제)

의 베트남 이름인 '태광비나'는 최근 '닥락'(득륵 得勒 Đắk Lắk)성 '부온 마투옷'(반미속 班迷屬 Buôn Ma Thuột)시 산업단지에 1만 2,360평 규모의 신발 공장을 추가로 짓고 있다.

동나이성 행정구역도 (위키백과)

나이키 신화의 주인공 고 박연차 회장에 대한 이야기는 무궁무진하다. 생전 그는 베트남에서 국빈 대접을 받았다. '호찌민' 한국국제학교 체육관은 박 회장의 기부금으로 지어졌다. 그래서 그의 호를 따서 '정산관'으로 이름지었다. 호찌민에는 '태광정산CC'도 있다. 그밖에도

호찌민에 있는 '태광정산CC' 클럽하우스와 코스 (홈페이지)

베트남 한인사회 곳곳에 그의 흔적이 남아 있다. 그는 또한 영원한 베트남 명예 총영사로 불린다.

그 외에도 한국업의 신화들은 일일이 열거하기 힘들 정도다. '롱탄'(융성 隆成 Long Thành) 공단도 '동나이'성에 있고 호찌민에 접해 있는 '년짝'(仁澤 Nhơn Trạch) 공단 역시 '동나이'성 소속이다.

동나이성

'롱탄'(롱타인)은 한자로 융성(隆成 Long Thành)이다. 융성(龍成)으로 쓰고 발음은 같이 롱탄(Long Thành)으로 쓰기도 한다.) 융(隆 long) 자의 '롱' 발음은 사례가 많다. '롱안'(융안 隆安. Long An)성의 예도 있다. 성(成 thành) 자 역시 '탄'으로 발음이 되는 것은 이미 알고 있을 것이다. 그래서 성년(成年 thành niên)은 '탄니엔'이다. 청년(靑年)의 발음도 '탄니엔'이다. 성공(成功 thành công)은 '탄꽁'이다.

'롱탄'은 베트남 최대 국제공항 입지로 선정돼 있다. 한계에 도달한 호찌민 '떤선녓' 공항을 대체할 역대급으로 추진되고 있다.

롱탄 국제공항

롱탄 국제공항(Sân bay quốc tế Long Thành 공항 국제 롱탄의 어순이다)은 '호찌민'시에서 북동쪽으로 약 40km 정도 떨어진 곳에 위치한다. 민간 공항과 군사 공항을 겸하며 2014년 착공해 2020년 개항을 목표로 했으나 예산 확보 등 여러 가지 장애요인으로 개항일자가 계속 연기되고 있다. 현재 개항 예정 시기는 2025년이다. 건설비용은 67억 달러, 이용승객은 연간 1억 명으로 추산된다. 최종 건설비용은 100억 달러도 넘을 전망이다.

'떤선녓' 국제공항은 2020년까지 인구 2,000만에서 2,200만에 이를 것으로 추정됐으나 이미 2016년 3,250만 명의 이용객을 기록하는 등 한계를 넘어섰다. '떤선녓' 공항은 베트남전쟁 때 보급을 지원하기 위해 건설되었으며, 그리하여 성장이 제한적임에도 '사이공' 시내에 입지를 잡게되었다. 이후 위치와 안전 문제가 제기됐으며 급성장하는 승객 증가 속도를 충족시키기 어렵다는 지적을 계속 받아왔다. (인터넷 종합)

베트남 남쪽 지역 국제여행객의 유입은 매년 15~20%씩 급격히 증가하고 있다. '롱탄' 국제공항은 국내 시장을 활성화시키고, 미래의 수요를 감당하기 위한 신공항을 건설할 필요성이 제기된 결과다. '떤선녓' 공항은 '롱탄' 국제공항이 완성되기 전까지 국제선과 국내선 수요를 감당할 예정이다.

'년짝'은 한자로는 인택(仁澤 Nhơn Trạch)이다. 동나이성에서 호찌민

롱탄 국제공항 조감도 (인터넷 블로그)

시와 바로 접한 지역이다. 한국 관련 공장들이 많다. 어질 인(仁 nhơn) 자는 '년'으로 읽는다. 인자(仁慈 nhơn từ)하다는 '년뜨'로 읽는다. 사람 인(人 nhân) 자도 '년'으로 소리가 난다는 것도 알아두자. '빈딘'성의 성도가 '꾸이년'(귀인 歸仁 Quy Nhơn)인 것은 앞에서 보았다. '년'과 같은 글자, 같은 발음이다.

'동나이'성의 성도는 '비엔호아'이다. 한자로는 변화(邊和 Biên Hòa)로 쓴다. '동나이'성 옆에는 '빈즈엉'성도 있다. 한자로는 평양(平陽 Bình Dương)이다.

'미프억' 공단은 미복(美福 Mỹ Phước)으로 쓴다. 여기서 주의할 것은

트윈도브 골프장(홈페이지)

복(福) 자다. '푹'으로도 읽고 '프억'으로도 읽는다. '빈프억'성이라고 할
때는 평복(平福 Bình Phước)이지만 '빈푹'성에서는 영복(永福 Vĩnh
Phúc)으로 쓴다.

7군의 '푸미흥'에서 더 남쪽으로 가면 '냐베' 신도시 조성 예정지가 나
온다. GS건설의 대규모 택지 개발이 예정된 곳이다. 호찌민시 남부의 신
도시로 면모가 바뀔 '냐베' 지역은 한자로 아피(芽皮 Nhà Bè)로 쓴다.

빈즈엉성

'동나이'성이 '호찌민'의 동쪽에 있다면 북쪽에는 '빈즈엉'(평양 平陽
Bình Dương)성이 있다. 이곳에는 '사이공'강과 '동나이'강 그리고 '베'강
이 교차한다. '빈즈엉'성은 1996년말까지 '송베'성이었다. 그래서 '송베'라
는 이름의 골프장이 아직 있다. 성도는 '투저우못'(수유멸 守油蔑 Thủ
Dầu Một)이다. 베트남에서 외국인 투자가 집중되는 곳 가운데 하나다.
나이키와 아디다스 그리고 H&M, 맥도날드가 공장 건설을 마쳤다. 또한

금호타이어 빈즈엉성 공장(홈페이지)

2013년에는 롯데마트가 베트남 다섯 번째 점포로 '빈즈엉'점을 개업하였다. 우리나라 전자랜드에서 운영하며 KLPGA 대회도 열리는 골프장 '트위도브CC'도 빈즈엉성에 있다.

'빈즈엉'성에는 금호타이어 공장도 있다. 2008년 2억 달러를 투자해 베트남 최초의 승용차용 타이어 공장의 문을 연 금호타이어는 2021년 3천여억 원을 추가로 투자해 북미 수출 물량 확대에 나섰다. 이는 2019년 연간 영업이익(573억 원)의 여섯 배 규모다.

떠이닌성

'빈즈엉'(평양 平陽 Bình Dương)성의 서쪽에 있는 성이 '떠이닌'(서녕 西寧 Tây Ninh)성의 성도는 '떠이닌'이다. '호찌민'의 서북쪽이고 '롱안'(융안 隆安 Long An)성의 북쪽이다. 이곳은 '까오다이'(고대 高台 Cao Đài)교의 고향이기도 하다. '떠이닌'에는 '호찌민'에서 캄보디아로 가는 최단거리 지점인 '목바이'(목패 木牌 Moc Bai)가 있다. 한때 우리

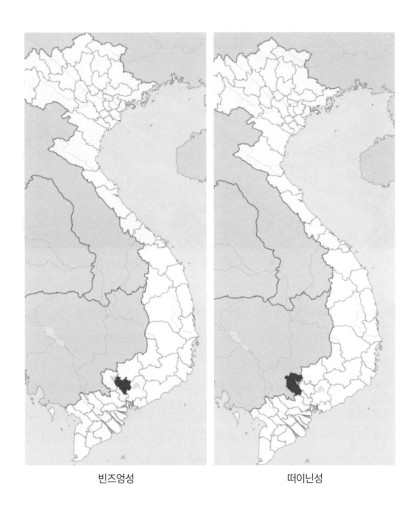

빈즈엉성   떠이닌성

교민들이 비자 갱신을 위해 자주 찾는 곳이기도 했다.

 중국이나 동남아 지역 단기 체류자들을 위한 비자 갱신 문제가 좀 합리적으로 해결될 수는 없을까? '호찌민'에서 캄보디아 수도 프놈펜에 이르는 최단거리 도로가 이곳 '목바이'를 지난다.

목바이의 베트남-캄보디아 국경 검문소 (위키백과)

'까오다이'(고대 高台 Cao Đài)교

'떠이닌'(서녕 西寧 Tây Ninh)에서 '응오 반 찌에우'(Ngô Văn Chiêu)에 의해 창시된 혼합적 유일신 종교다. 세계 5대 주요 종교(유교, 불교, 기독교, 도교, 이슬람교)의 신앙을 절충하여 만들어졌다. 기독교를 포함해 20세기 남부 베트남인들이 알고 있던 지구상의 모든 종교적 교리 및 선의 가치를 포용한 신앙이라고 할 수 있다. 인간의 최고 도덕적 가치로서 사랑과 정의의 실행을 중시한다. '착하게 살아라'는 것이 이 신앙의 기

태광실업의 신화를 이어가는 떠이닌성의 베트남 목바이 (위키백과)

'까오다이' 교 사원 (위키백과)

본 가르침이라고 할 수 있다.

1917년 '까오다이' 상제(上帝)를 지상신(至上神)으로 믿는 종교적 경지로 높여, 1개의 거안(巨眼)을 신의 상징으로서 예배하게 하고, 이 종교를 신이 세상에 내린 세 번째의 제도(濟度)로 믿도록 권장한 데서 비롯된 종교이다. 1920년 '레반치엔'(려문충 黎文忠)의 지도로 교단이 조직되어 '떠이닌'에 그 본부를 두었다. 1935년 제2대 교주 때부터 신자의 수가 급격히 늘어나면서 조직을 로마 가톨릭과 비슷한 체제로 하여 오늘에 이르고 있다. 프랑스령(領) 시대에는 강력한 반불 세력이었고 '응오딘지엠' 독재 정권 시대에는 반정부 세력으로서 탄압의 대상이 되기도 했지만 남베트남 정치에 커다란 영향을 미쳤다. 신자는 약 300만 명 내외로 추산된다. (네이버 지식백과, 최병욱 베트남 근현대사)

롱안성

'호찌민' 서쪽에 있는 '롱안'성도 새롭게 각광받는 지역이다. 한자로는 융안(隆安 Long An 용안(龍安)으로 쓰는 경우도 있다.)이다. '롱안'성 아래쪽은 '띠엔쟝'성이다. 한자로는 전강(前江 Tiền Giang)이다. 메콩델타 지역에는 '허우쟝'성도 있다. 한자로는 후강(後江 Hậu Giang)이 된다. 하노이와 호찌민 편에서도 이미 살펴본 바 있다.

———

앞 전(前 tiền) 자는 '띠엔'으로 읽는다. 전방(前方 tiền phương)은 '띠엔 프엉'으로 읽는다. 전경(前景 tiền cảnh)은 '띠엔깐'이다. 전도(前途 tiền đồ)는 '띠엔 도'다.

온전하다는 전(全) 자는 발음이 '또안'(toàn)이다. 그래서 전경(全景 toàn cảnh)은 '또안 깐'이다. 전국(全國 toàn quốc)은 '또안 꿕'이다. 전면(全面 toàn diện)은 '또안 디엔'이다. 전부(全部 toàn bộ)는 '또안 보'다.

전하다는 전(傳) 자는 '쭈엔'(truyền)이다. 전달(傳達 truyền đạt)은 '쭈엔 닷'이 된다. 전도(傳道 truyền đạo)는 '쭈엔 다오'다. 전설(傳說 truyền thuyết)은 '쭈엔 투엣'이 된다.

전염(傳染 truyền nhiễm)은 '쭈엔 니엠'이 된다. 전염병(傳染病 truyền nhiễm bệnh)은 '벤 쭈엔 니엠'이다. 전통(傳統 truyền thống)은 '쭈엔 통'이 된다.

전쟁한다는 전(戰) 자는 '찌엔'(chiến)이다. 전략(戰略 chiến lược)은 '찌엔 르억'이다. 전술(戰術 chiến thuật)은 '찌엔 투엇'이라고 한다. 전쟁(戰爭 chiến

롱안성

tranh)은 '찌엔 짠'이다.

전기 전(電) 자는 '디엔'(điện)으로 읽는다. 전산(電算 điện toán)은 '디엔 또안'이다. 전신(電信 điện tín)은 '디엔 띤'이 된다. 전압(電壓 điện áp)은 '디엔 압'이다. 전자(電子 điện tử)는 '디엔 뜨'가 된다. 전화(電話 điện thoại)는 '디엔 토아이'다. 공중전화(公衆電話)는 '디엔 토아이 꽁 꽁(điện thoại công cộng)'이다.

롱안성의 성도인 떤안(신안 新安 Tân An)시 (위키백과)

3. 메콩델타

메콩델타 지역 성 분포도. 발음보다는 대강의 위치를 확인하자

띠엔쟝성

 서양인들이 제일 좋아하는 베트남 관광지인 '메콩델타' 지역으로 가보자. '메콩'강이 만들어낸 최대의 성과물이다.

 '메콩델타' 관광의 출발점은 '미토'(미적 美荻 Mỹ Tho)다. '띠엔쟝'(전강 前江 Tiên Giang)성의 성도로 급성장하고 있는 대도시다. 한자로는 미적(美荻)이다. 미추(美萩)라고도 쓴다

 '미토'는 1680년대 중반 명나라가 멸망하여 50척의 배와 3,000명의 부하를 데리고 망명해 온 '즈엉 응안딕'(양언적 楊彦迪)과 이주민에 의해 개척된 곳이다. 당시 이 지역은 크메르 제국의 일부였으며, 16세기가 되어서야 병합되었다. 이 도시 이름은 '미토'강의 이름을 따서 지어졌다.

 '사이공'(호찌민)과 가까운 관계로 '미토'는 메콩강 삼각주의 전통적인 관문이었다. 17세기 들어서면서 베트남 남부 지역에서 가장 큰 상업의 중심지가 되었다.

 1860년대 프랑스가 베트남에 식민지 전쟁을 도발했을 때 '미토'는 '사이공'과 함께 주요한 전략적 도시였다. 1862년 프랑스의 '미토' 점령은 프랑스가 '코친차이나' 식민지를 건설하는데 쐐기를 박은 사건이었다. 그리하여 프랑스는 1세기에 걸친 베트남 식민지배의 막을 올렸다. (위키백과)

벤쩨성

 '벤쩨'는 '미토'의 강 건너 지역이다. 한자로는 빈지(檳榔 Bến Tre)로 쓴다. 역시 한자 이름이다. '벤쩨'성의 성도는 같은 이름의 '벤쩨'이다. '호찌민'에서 남서쪽으로 약 86km에 위치한다.

 베트남전쟁 당시 고엽제의 피해를 많이 받은 지역 중 하나이다. 3개의 삼각주로 구성되어 있다. 이곳은 '메콩강 크루즈'로 시작하는 생태관광이 유명하며 관광수입은 연 20%의 비율로 계속 증가하고 있다. '호찌민'

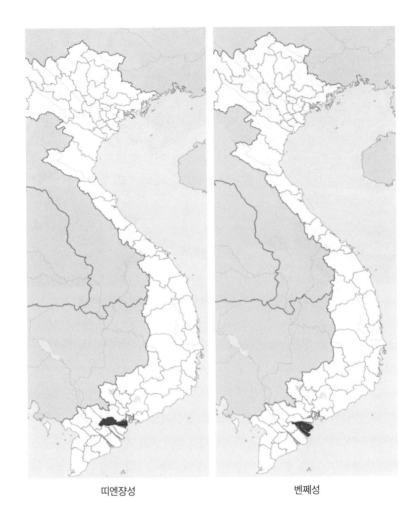

띠엔쟝성   벤쩨성

베트남 남부 관광의 백미인 메콩델타 관광 중의 정글투어 (위키백과)

에서는 '미토'를 경유하는 것이 일반적인 경로이며 '미토'에서 '벤쩨'까지
는 약 1시간 정도 걸린다.

'벤쩨'성 전체가 작은 강과 운하망으로 교차되어 있다. 이것이 제공하
는 광범위한 관개는 '벤쩨'성을 주요 쌀 생산지로 만들지만, 또한 그 지역
이 홍수가 나기 쉽다는 것을 의미한다. '껀터'대학교 기후변화연구소는
기후변화의 가능한 결과를 연구하면서 해수면이 1미터 상승할 경우 '벤
쩨'성의 51%가 침수될 것으로 예상할 수 있다고 예측했다. '벤쩨'성은 평
균적으로 해발 1.25미터에 불과하다. (위키백과)

2009년 1월 '벤쩨'성과 '띠엔쟝'성의 '미토'를 연결하는 다리가 정식으
로 개통했다. 이로 인해 사람과 차량 그리고 오토바이를 실어 나르던 페
리의 운항이 중지되었다. 코코넛 삼림에 둘러싸인 비옥한 토지로 특히

벤쩨성과 띠엔장성의 미토를 연결하는 락미에우 대교.
수운만 있던 물류에 혁명적인 변화를 가져왔다. (위키백과)

과수원과 논이 많다. 또 담수어, 새우 등의 해산물이 풍부하여 관광객에
게 인기가 있다.

지금도 메콩강 유역의 주요 교통수단은
바지선에 사람과 차량 오토바이를 가득 싣고 다니는 것이다.

빈롱성

'빈롱'은 영륭(永隆 Vĩnh Long)이고, 성도 역시 '빈롱'시이다. '벤쩨' 아래쪽에 바다와 접해 있는 지역은 '짜빈'인데 한자로는 차영(茶榮 Trà Vinh)으로 쓴다. 영(榮) 자는 '빈'(Vinh)으로 읽는다.

————————

'빈롱'성에서 '빈'은 한자로는 영(永)이었다. 지명에 많이 들어가는 평(平) 자도 '빈'으로 읽는다. 발음은 '빈'으로 비슷하지만 성조는 다르다. 또 영구(永久 vĩnh cửu)는 '빈 끄우'다. 영원(永遠 vĩnh viễn)은 '빈 비엔'이다.

단어의 앞에 와서 '영'으로 소리나는 '령'(領) 자도 살펴보자.

영사(領事 lãnh sự)는 '란스'다. 총영사(總領事)는 '똥 란스'가 된다. 한국영사관(韓國領事館)은 '란스꽌 한꿕'(lãnh sự quán Hàn Quốc)으로 앞뒤를 바꿔 읽는다. 영토(領土 lãnh thổ)는 '란 토'가 된다. 영해(領海 lãnh hải)는 '란 하이'가 된다.

'빈롱'(영륭 永隆 Vĩnh Long)성의 성도인 '빈롱'시는 '호찌민'에서 차량으로 약 3시간, '껀터'까지 약 2시간 거리에 위치한다. 수상시장으로 유명한 '띠엔쟝'(전강 前江)성 '까이베'(개피 丐㟠 Cái Bè)현의 강 건너 편이다. '빈롱' 지역은 '호찌민'에서 국도 1A호선이 이어지고 있다. '호찌민'에서 메콩강 삼각주(메콩델타) 각 도시로 가는 많은 장거리 버스가 이곳을 경유하게 된다.

비옥한 토양은 '빈롱'성을 망고스틴, 람부탄, 두리안 등 많은 이국적이고 맛있는 과일들이 자라는 이상적인 장소로 만든다. '빈롱'성의 광범위한 수로의 네트워크 때문에, 이 과일들과 많은 다른 물건들은 시장 상인

빈롱성의 수로를 따라 형성된 시장 (위키백과)

들의 거대한 수상시장 매대에서 싸게 구입할 수 있다.

'메콩'강을 이용한 여행은 보트로만 접근할 수 있는 작은 섬들에 위치한 식당과 관광지에 가는 것뿐만 아니라 식료품 쇼핑과 같은 평범한 일을 경험을 하게 해준다. 이곳에서는 관광 인프라가 아직 걸음마 단계에 있지만, 아주 합리적인 가격에 편안한 숙박과 훌륭한 음식을 먹을 수 있다.

바리어붕따우성

남부지역을 이야기하면서 '바리어붕따우'(파지봉조 婆地-溿艚 Bà Rịa-Vũng Tàu)성을 빠뜨릴 수 없다. 성도는 '바리어'시다. 그러나 최대의 도시는 '붕따우'이다. 중국인들은 '붕따우'를 '두돈'(斗頓)으로 쓴다.

까이베 수상시장의 과일상 배 (위키백과)

빈롱성

'호찌민'에서 부담 없이 갈 수 있는 가장 가깝고 경관이 뛰어난 해변이다. 또한 앞바다에 유전이 발견 돼 주목받는 지역이다. 특히 '붕따우'에는 한국석유공사와 SK에너지가 지분을 가지고 있는 유전도 있다. 포스코도 2009년 11월 이 지역 '푸미' 공단에 동남아시아 최대 규모의 냉연 강판 생산공장을 준공했다.

'바리어붕따우'성은 한 때 북쪽 '동나이'성의 일부였다. '호찌민'처럼 태풍이 거의 지나지 않는다는 장점이 있다.

이곳은 또한 '꼰다오'(곤도 崑島 Côn Đảo. 중국인들은 昆島라고 쓴다.) 제도는 '바리어붕따우'성 '꼰다오'현(Huyện Côn Đảo 縣崑島)에 속한다. 꼰다오섬은 붕따우에서 185km 떨어진 앞바다에 크고, 작은 16개의 섬으로 구성된다. 가장 큰 '꼰선'(곤산 崑山)섬에는 약 7000명이 살고 있다. '꼰선'섬에는 '꼰다오' 공항이 있고, 230km 떨어진 '호찌민'시 사이에 항공 노선이 개설되어 있다.

바리어붕따우성

꼰다오 감옥 (위키백과)

1787년 '응웬' 왕조의 첫 황제인 '쟈롱제'(가릉 嘉隆 Gia Long 1802~1820 본명은 '응웬푹안'(완복영 阮福映 Nguyễn Phúc Ánh)가 '꼰다오'섬을 프랑스에 할양했다. 그 후, '꼰다오'섬은 '호랑이 코'라는 별명으로 알려진 열악한 감방을 가진 '꼰다오' 감옥으로 악명을 떨쳤다. 베트남 민족주의자들은 이 감옥에 보내져 형기를 보냈다. 베트남 공산주의 지도자 '재교육' 장소로도 쓰였다. 19세기 이후 연인원 20만 명의 정치범이 수용되어 2만 명 이상이 죽었다. 현재는 바다거북의 산란 장소로도 유명하다.

붕따우시 전경. 붕따우 앞바다에 유전이 있다. 그래서 베트남은 산유국이다.

붕따우 해변 언덕 위의 예수 상. 브라질 리오의 예수 상을 연상케 한다. (위키백과)

짜빈성

'벤쩨'성 아래가 '짜빈'(차영 茶榮 Trà Vinh)성이다. '짜빈'이라는 말은 크메르어에서 왔지만, 한자어로 '짜빈'(茶榮)으로 기록하고 있다.

차(茶 trà)는 '짜'다. 차 마시는 문화가 발달한 만큼 일상생활에서 '짜'라는 말은 심심찮게 들을 수 있다. 발음은 같지만 뜻은 '다음'인 '차'(次) 자는 발음이 '트'(thứ)다. 차관(次官 thứ quan)은 차장(次長 thứ trưởng)이라고 한다. 그래서 '트 쯔엉'이다. 차남(次男 thứ nam)은 '트 남'이라고 한다. 차녀(次女 thứ nữ)는 '트 느'다.

짜빈성	속짱성

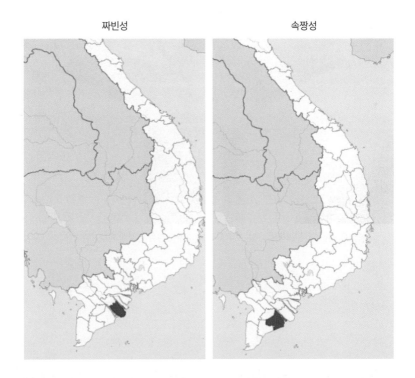

속짱성

'짜빈'성 그 아래가 '속짱'(삭장 朔莊 Sóc Trăng)성으로, 성도는 '짜빈'성의 성도가 '짜빈'이듯이 여기도 '속짱'이다. '속짱'이라는 말도 크메르어에서 나왔다. 이곳에 살던 베트남인들이 '쏙카랑'으로 부르다가 '속짱'으로 바뀌게 되었다. 베트남인들이 다수를 차지하지만 크메르인과 화교도 많이 거주한다. '호찌민'과 '껀터'를 연결하는 국도 선상에 있다.

박리에우성, 까마우성

다시 그 아래로 가면 '박리에우'(북료 北遼 Bạc Liêu)성과 58개의 성 가운데 최남단 성인 '까마우'(가모 歌毛 Cà Mau)성이 나온다. '박리에우'성은 '메콩'강의 본류에서 벗어난 더 남쪽 지방에 위치하지만, 일반적으로 '메콩강 삼각주'(메콩델타)로 취급된다. '메콩'강 유역에서 가장 큰 도시인 '껀터'의 100km 남쪽에 위치한다.

'까마우'라는 이름 역시 이 지역에 먼저 살고 있던 크메르인들로부터 유래되었으며, '까마우'(Cà Mau)는 크메르어로 검은색을 의미한다. 서쪽으로는 타이만, 그리고 남쪽과 동쪽은 남중국해에 접하고 있다. 삼면이 바다로 둘러싸여 있기 때문에, 어업이 가장 중요한 산업이다. 또한, 광범위한 수로망은 주요 교통로로 이용되기도 한다. 지금의 '까마우' 지역은 한때 '부남'(扶南) 왕국의 영토였다. 이 지역은 이후 '크메르' 제국(캄보디아, 태국 동부와 베트남 남부 포함)의 일부가 되었다. 1757년 '응웬' 왕조에 양도되었다. (위키백과)

성도인 '까마우'시는 '호찌민'에서 약 360km 정도 떨어져 있다. 베트남 전쟁 기간에는 이 지역이 '베트콩'의 요새였다.

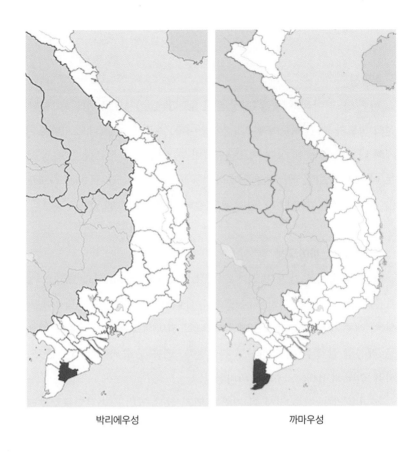

박리에우성   까마우성

메콩강 삼각주(메콩델타)는 베트남어로 '동방송끄우롱'(đồng bằng sông Cửu Long)이고 한자로는 구룡강삼각주(九龍江三角洲)이다. '메콩'이라는 말은 '아홉 마리 용'이라는 의미이다. 중앙 직할시 '껀터'와 12개의 성이 속해 있다. 베트남의 곡창 지대로, 전국 쌀 생산량의 50%이상을 산출한다.

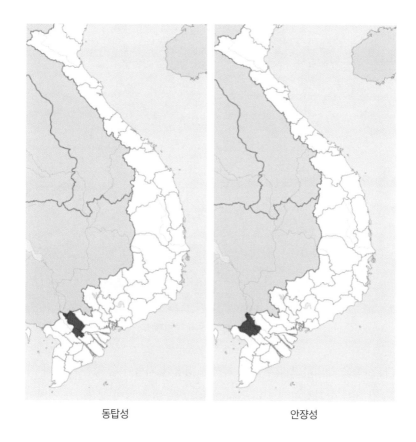

동탑성

안쟝성

동탑성

'롱안'성과 '띠엔쟝'성의 서쪽은 동탑'(동탑 銅塔 Đồng Tháp)성이다. 성도는 '까오란'(고령 高嶺 Cao Lãnh)이다. 1975년 통일 이전 '까오란'은 '끼엔퐁'성의 성도였다. 1976년 2월 '끼엔퐁'성은 '사덱'(사적 沙的 Sa Đéc)성과 합병되어 '동탑'성이 되었다. (위키백과)

안쟝성

'동탑'성의 서쪽은 '안쟝'(안강 安江 An Giang)성이다. 북서쪽으로는 캄보디아와 국경을 접한다. '메콩'강 삼각주의 상류 부분을 차지하고 있

바다 같은 메콩 강 하류 (위키백과)

다. 서쪽을 제외하고 대부분의 지역은 평평한 지형이며, 많은 수로와 작은 강 지류가 복잡하게 얽혀 있다. 품질 좋은 쌀을 많이 생산하는 지역이다. 성도인 '롱쑤옌'(용천 龍川 Long Xuyên)시는 '하노이'에서 남쪽으로 1,950km, '호찌민'에서 189km, 캄보디아 국경에서 45km 정도 떨어진 곳에 위치한다.

이곳에 유명한 고대 문명인 '옥에오'(Óc Eo) 문화의 유적이 있다. '토아이선'현 '옥에오' 지역을 중심으로 메콩강 삼각주 일대에 넓게 분포해 있다. '옥에오'는 기원전 2세기부터 서기 12세기까지 '프놈'(부남 扶南) 왕국의 항구였던 것으로 보인다. '프놈' 왕국은 기원전 1세기부터 6세기 사이에 메콩강 하류지역에서 번성했던 캄보디아 고대왕국이다. 3세기 초 최대 영토를 이루었다. 남쪽으로는 말레이시아, 서쪽으로는 미얀마까지에 이른다.

'옥에오'는 메콩강 삼각주의 저지대를 통과하는 고대 수로 체계 안에

옥에오 문화 유적지 분포도(호찌민 역사박물관 소장. 위키백과)

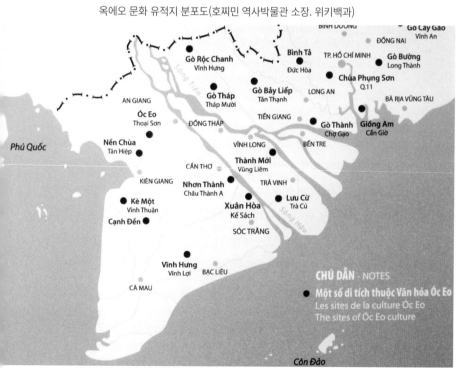

메콩델타 지역의 위성사진 (위키백과)

위치했다. '옥에오'의 유적지들은 베트남 남부 전역에 퍼져있으나, 메콩강 삼각주의 남쪽과 호치민시 서쪽에 대부분이 집중되어 있다. (위키백과)

끼엔쟝성

베트남 남부에서 제일 서쪽이 '끼엔쟝'(견강 堅江 Kiên Giang)성이다. 북동쪽으로 '안쟝'성과 접해 있으며, '껀터'와 '허우쟝'성이 동쪽으로, '박리에우'성이 남동쪽으로 자리를 잡고 있다. '까마우'성이 남쪽에 있다. 성도는 '락쟈'(역가 瀝架 Rạch Giá)시는 서쪽으로는 타이만과 접한 항구 도시이다. 이곳은 원래 캄보디아의 영토였지만 1715년 베트남의 '응웬' 왕조가 남하 정책을 펼치면서 베트남의 영토가 되었다. 최근에는 해외 이주한 베트남 교포인 '비엣끼에우'(월교 越僑 Việt kiều)들에 의한 투자가 활발히 이루어지고 있다. 베트남 최고, 최후의 휴양지로 각광받는 푸

환상적인 푸꿕의 리조트 풍경 (위키백과)

꿕(부국 富國 Phú Quốc)섬도 '끼엔쟝'성 소속이다. (위키백과)

　'푸꿕'섬은 '하롱베이'의 뒤를 이어 베트남 최고의 관광지로 각광을 받기 시작했다. 행정구역상으로는 '끼엔쟝'성 '푸꿕'현이다. 베트남에서 가장 큰 섬이다. 베트남 땅이지만 캄보디아에 가깝다.

　또한 '푸꿕'은 베트남 관광 붐의 중심에 있다. 최고, 최후의 휴양지다.

베트남 땅 제일
서쪽 끝에 자리한
푸꿕 섬의 위치
(위키백과)

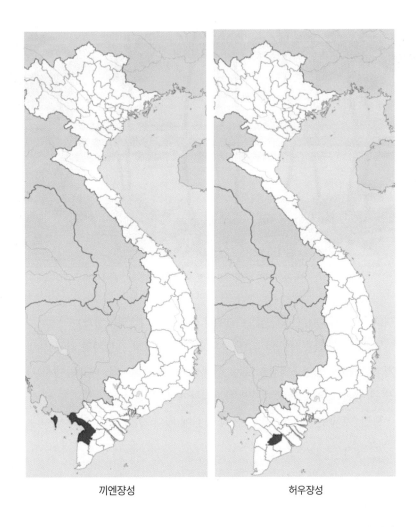

끼엔쟝성   허우쟝성

국제공항도 있다. 또한 2014년 3월부터 베트남은 모든 외국인 관광객이
최대 30일간 '푸꿕' 비자를 무료로 이용할 수 있도록 허용했다. 이 섬은
특히 세계적으로 유명한 고품질 후추의 생산지이며, 베트남 요리의 필수
재료인 생선 소스 '느억맘'(nước mắm)의 주요 생산지이기도 하다.

껀터의 수상시장 (위키백과)

허우쟝성

'허우쟝'(후강 後江 Hậu Giang)성은 '껀터'시의 바로 아래에 위치해 있다. 성도인 '비탄'(위칭 渭清 Vị Thanh)시에는 서로 잘 연결된 강과 운하 시스템을 갖추고 있다. 적도 부근에 위치하고 있다.

껀터

'메콩델타' 지역에는 직할시 '껀터'(근저 芹苴 Cần Thơ)도 있다. '껀터'는 베트남 남부의 메콩강 삼각주 최대의 도시로 '메콩'강 최대의 지류인 '허우'강의 남안에 있으며, 베트남 최대의 도시인 '호찌민'시에서 서쪽으로 약 160km에 위치한다. '껀터'시에 인접한 성으로는 '안쟝'성, '허우쟝'성, '끼엔쟝'성, '빈롱'성 및 '동탑'성이 있다. '껀터'는 이 지역 최대 도시로

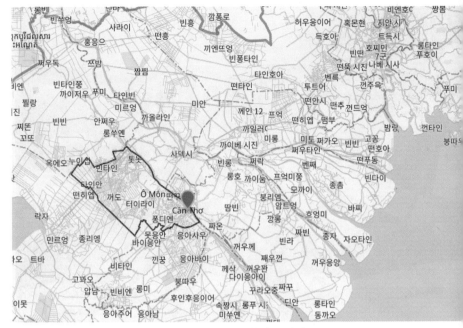
껀터 시의 지리적 위치 (위키백과)

그린 투어로 유명한 관광지이다. 또한 '컨떠'는 강에서 물건을 팔고 사는 수상시장으로 유명하다. 잭프루트, 망고, 구아바, 바나나, 람부탄, 망고스틴, 용과, 두리안 등 다양한 열대 과일을 제공한다. 밥도 팔고 쌀국수도 팔고 커피도 판다. 다 있다.

참고자료

베트남이라는 나라 이름의 유래

월남(越南 Việt Nam), 즉 '베트남'이라는 나라 이름이 공식 사용된 것은 19세기 초의 일이다. '응웬푹안'(완복영 阮福映 Nguyễn Phúc An)이라는 사람이 혼란기를 극복하고 프랑스의 세력을 등에 업고 1802년 지금의 '하노이'(하내 河內 Hà Nội)인 '탕롱'(승룡 昇龍 Thăng Long)을 점령하고 '응웬' 왕조를 수립하였다. 연호는 '쟈롱(가륭 嘉隆 Gia Long)'이라고 정했다.

이는 항상 중국의 영향을 먼저 받아 더 발달한 북쪽에서 남쪽을 향해 이룬 통일이 아니라 베트남 역사상 처음으로 남쪽에서 밀고 올라간 북진 통일을 달성한 것이다. '응웬푹안'은 수도를 북부의 '탕롱'에서 중부의 '후에(혜 惠 Huế)'로 옮겼다. 그리고 '탕롱'에는 '하노이' 라는 이름을 붙였다. 이때부터 '탕롱'은 '하노이'로 불렸다.

'응웬' 왕조는 중국(청나라)에 새 왕국의 이름을 '남월(南越)'로 하게 해달라고 청했으나 남월이라는 이름이 중국에 대한 저항의 상징으로 비칠 것을 우려, '월남(越南)' 즉 '베트남'을 제시했고 이를 '응웬' 왕조가 선택한 것이다. '월남'이라는 이름은 이때부터 정식 국호로 사용되었다.

또한 70대 이상의 우리나라 사람들에게 베트남은 '안남'(安南)으로도 알려져 있다. 주부들에게도 안남은 익숙한 지명이다. 바로 가늘게 날씬하고 길쭉한 쌀 '안남미' 때문이다. 칼로리가 낮아 다이어트에 좋다는 소문으로 여성들 사이에서 인기품목이 된 지 오래다. 이 '안남'이 바로 베트남을 뜻한다. 안남의 유래는 당(唐)나라 시대로 올라간다. 세계제국 당은 '베트남'을 복속시키고 안남도호부(安南都護府)를 설치했다.

베트남의 역대 왕조

1천년 동안 중국의 지배를 받던 베트남에는 938년부터 1945년까지 약

1천년간 베트남 민족의 왕조들이 계속 이어졌다. 15세기 중국이 잠시 베트남을 점령한 적이 있지만 베트남 왕조사의 단절로는 보지 않는다.

응오 왕조(오 吳 Ngô) 936~968

딘 왕조(정 丁 Đinh) 968~980

레 왕조(려 黎 Lê) 980~1009

리 왕조(리 李 Lý) 1009~1225

쩐 왕조(진 陳 Trần) 1225~1400

후기 레 왕조(려 려 Hậu Lê) 1428~1788)

응웬 왕조(완 阮 Nguyễn) 1802~1945

베트남의 국토와 인구 그리고 행정구역

베트남의 국토면적은 331,689km²로 100,363km²의 대한민국보다 3배 이상 넓다. 220,847km²인 한반도 전체보다는 1.5배 넓다. 인구는 5천만 명이 조금 넘는 대한민국의 두 배에 조금 못 미치고, 한반도 전체보다는 2천만 정도 더 많다. 2021년 통계치는 약 9,740만 명이다. 인도차이나 반도에서 가장 인구가 많고 세계에서도 15번째로 인구가 많은 나라이다.

베트남 국토의 특징은 칠레만큼은 아니지만 남북으로 길쭉하고 동서로는 좁은 형태다. 세로로 길게 잡아 늘인 S자 모양으로, 남북의 길이가 1,650km나 된다. 반면 동서로는 가장 좁은 중부지방에서는 50km에 불과한 곳도 있다.

주요 도시로는 하노이, 호찌민, 다낭, 하이퐁, 호이안, 사파, 후에 등이 있다. 북쪽으로는 중화인민공화국(중국), 서쪽으로는 라오스 및 캄보디아와 국경을 접하고 동쪽과 남쪽으로는 동해(남중국해)에 면해 있다.

베트남 전국은 '띤'이라는 58개의 성(省 tinh)과 줄여서 '탄포'(성포 城舖 thành phố)라고 부르는 5개의 중앙직할시인 '탄포쭉트억쭝으엉'(성포직속중앙 城舖直屬中央 thành phố trực thuộc trung ương)로 나뉜다. (각 성의 성도에도 '탄포'라는 호칭을 붙인다.) 5개 직할시는 수도인 '하노이'를 비롯해 '호찌민', '다낭', '하이퐁', '껀터' 등이다. (원래 성의 총 숫자는 59개였는데 2008년 8월 1일 '하떠이'(하서 河西 Hà Tây) 성이 '하노이'에 편입됨으로써 59개 성이 58개로 줄었다.)

'하노이'(하내 河內 Hà Nội)는 홍강 삼각주에 있다. 베트남 역대 왕조는 이곳에 수도를 두었고, 프랑스도 식민지 기간에 이곳에 정청(政廳)을 두었다. 1945년 베트남민주공화국의 수도가 되었고, 1976년부터는 통일 베트남의 수도다.

'호찌민'(호지명 胡志明 Hồ Chí Minh)은 베트남 최대 도시다. '사이공' 강이 시내를 관통하고 있다. 16세기에 베트남인에게 정복되기 전에는 '캄보디아' 땅이었다. 통일 이전에는 '사이공'(Sài Gòn. 한자로는 柴棍, 西貢)이란 이름으로 불렸다. 통일 이전 '남베트남'(우리가 흔히 이야기해 온 월남)의 수도였다가 1975년 지금의 이름으로 바뀌었다.

'하이퐁'(해방 海防 Hải Phòng)은 베트남에서 3번째로 인구가 많은 도시이다. '하노이'로부터 약 100km 떨어져 있으며, 베트남 북부의 주요 항구도시이다. 최근에는 '하노이'와 '하이퐁'을 잇는 노선으로 우리 기업들이 많이 진출해 있다. 우리나라로 치면 인천과 같다. '서울-인천', '도쿄-요코하마', '베이징-텐진', '하노이-하이퐁' 모두 비슷한 관계가 아닐까.

'다낭'(타낭 沱瀼 Đà Nẵng 현항(峴港)으로 쓴 경우도 있다.)은 베트남 남중부 지역의 최대 상업 및 항구도시이다. 최근에는 한국 관광객 러시가 벌어지고 있는 핫플레이스이다. 하루에 3천명 가까운 한국 사람들이 다낭을 찾는다고 할 정도다.

'껀터'(근저 芹苴 Cần Thơ)는 남부의 메콩강 삼각주 지역 최대 도시다. '호찌민'시에서 서쪽으로 약 160km에 위치한다. 베트남 남부 관광의 백미로 손꼽히는 '메콩델타' 투어의 출발지이자 중심지이다. '메콩델타' 투어는 베트남 관광지 가운데 서양 사람들이 특히 좋아하는 곳이다.

58개의 성 아래에는 성도에 해당되는 성의 직할시인 '탄포쭉트억띤'(성포직속성 城舖直屬省 thành phố trực thuộc tỉnh)이 있다. 이곳도 중앙의 직할시처럼 줄여서 '탄포'(성포 城舖 thành phố)라고 부른다. 또 일반시에 해당하는 '티사'(시사 市社 thị xã), 군에 해당되는 후옌(현 縣 huyện)이 있다. 반면 5개 중앙 직할시 아래에는 우리의 구(區)에 해당하는 꿴(군 郡 quận)과 군에 해당하는 현이 있다. 도농복합 성격 때문으로 보인다.(위키백과, 종합)

베트남의 행정단위

베트남의 행정 단위와 대한민국의 단위로 치환하면 아래와 같이 바꿔 볼 수 있다.

- 띤(성 省 tinh): 도(道)
- 탄포쭉트억쭝으엉(성포직속중앙 城舖直屬中央 thành phố trực thuộc trung ương): 광역시
- 티사(시사 市社 Thị xã): 시(市)
- 탄포쭉트억띤(성포직속성 城舖直屬省 thành phố trực thuộc tỉnh): 시 (대형시. 도청소재지)
- 꿴(군 郡 Quận): 구(區)
- 후옌(현 縣 Huyện): 군(郡)
- 프엉(방 坊 Phường): 동(洞)
- 티쩐(시진 市鎭 Thị trấn): 읍(邑)
- 사(사 社 Xã): 마을(村)

베트남의 지역구분

베트남은 편의상 8개의 지역으로 구분된다. 각 성의 베트남 이름과 한자, 베트남어 표기의 순서로 했다. 이어 그 성의 성도를 표시했다. 베트남 전국은 크게 다음과 같이 8개 지방으로 분류할 수 있다. (위키백과)

1. 떠이박(서북 西北 Tây Bắc) 6성
 - 라오까이(로가 老街 Lào Cai)
 - 라이쩌우(래주 萊州 Lai Châu)
 - 디엔비엔(전변 奠邊 Điện Biên) – 디엔비엔푸(奠邊府 Điện Biên Phủ)
 - 선라(산라 山羅 Sơn La)
 - 호아빈(화평 和平 Hòa Bình)
 - 옌바이(안패. 安沛. Yên Bái)

2. 동박(동북 東北 Đông Bắc) 9성
 - 하쟝(하강 河江 Hà Giang)
 - 까오방(고평 高平 Cao Bằng)
 - 박깐(북건 北件 Bắc Kạn)
 - 랑선(량산 諒山 Lạng Sơn)
 - 뚜옌꽝(선광 宣光 Tuyên Quang)
 - 타이응웬(태원 太原 Thái Nguyên)
 - 푸토(부수 富壽 Phú Thọ) – 비엣찌(월지 越池. Việt Trì)
 - 박쟝(북강 北江 Bắc Giang)
 - 꽝닌(광녕 廣寧 Quảng Ninh) – 하롱(하룡 下龍. Hạ Long)

3. 동방송홍(홍강 삼각주 Đồng bằng sông Hồng) 10성
('동방'은 평원을 이른다. '송'은 강. 즉 홍강 유역의 평원이라는 뜻이다.)

- 타이빈(태평 太平 Thái Bình)

- 남딘(남정 南定 Nam Định)

- 닌빈(녕평 寧平 Ninh Bình)

- 하남(하남 河南 Hà Nam) – 풀리(부리 府里 Phù Lý)

- 하노이시(하내 河內 Hà Nội)

- 빈푹(영복 永福 Vĩnh Phúc) – 빈옌(영안 永安 Vĩnh Yên)

- 박닌(북녕 北寧 Bắc Ninh)

- 흥옌(흥안 興安 Hưng Yên)

- 하이즈(해양 海陽 Hải Dương)

- 하이퐁시(해방 海防. Hải Phòng)

4. 박쫑보(북중부 北中部 Bắc Trung Bộ) 6성

- 탄호아(청화 清化 Thanh Hóa)

- 응에안(의안 宜安 Nghệ An) – 빈(영 榮 Vinh)

- 하띤(하정 河靜 Hà Tĩnh) – 하띤

- 꽝빈(광평 廣平 Quảng Bình) – 동허이(동해 洞海 Đồng Hới)

- 꽝찌(광치 廣治 Quảng Trị) – 동하(동하 東河 Đông Hà)

- 투아티엔후에(승천화 承天-化 Thừa Thiên-Huế) – 후에(혜 惠 Huế)

5. 남쫑보(남중부 南中部 Nam Trung Bộ) 8성

- 다낭시(타낭 沱灢 Đà Nẵng 일부에서는 다낭을 한자로 현항(峴港)으로 표기한 곳도 있다.)

- 꽝남(광남 廣南 Quảng Nam)- 땀끼(삼기 三岐(or 圻 Tam Kỳ)

- 꽝응아이(광의 廣義 Quảng Ngãi)- 꽝응아이
- 빈딘(평정 平定 Bình Định) – 꾸이년(귀인 歸仁 Quy Nhơn)
- 푸옌(부안 富安 Phú Yên) – 뚜이호아(수화 綏和 Tuy Hòa)
- 칸호아(경화 慶和 Khánh Hòa) – 냐짱(아장 芽莊 Nha Trang)
- 닌투언(녕순 寧順 Ninh Thuận) – 판랑탑짬(반랑탑점 潘郎-塔占 Phan Rang-Tháp Chàm)
- 빈투언(평순 平順 Bình Thuận) – 판티엣(반절 潘切 Phan Thiết)

6. 떠이응웬(서원 西原 Tây Nguyên) 5성
(서원은 서부 고원지대라는 뜻이다)

- 꼰뚬 (곤. 崑嵩 Kon Tum)
- 쟈라이(가래 嘉萊 Gia Lai) – 쁠래이꾸(坡離俱 또는 波來古 Pleiku)
- 닥락(득락 得樂 Đắk Lắk) – 부온마투옷(班迷屬 또는 邦美土 Buôn Ma Thuột)
- 닥농(득농 得農 Đắk Nông) – 쟈응여(가의 嘉義 Gia Nghĩa)
- 럼동(림동 林同 Lâm Đồng) – 달랏(達勒 Đà Lạt)

7. 동남보(동남부 東南部 Đông Nam Bộ) 6성
- 빈프억(평복 平福 Bình Phước) – 동쏘아이(동수 同帥 Đồng Xoài)
- 빈즈엉(평양 平陽 Bình Dương) – 투저우못(守油蔑 또는 土龍木 Thủ Dầu Một 구 송베 성)
- 동나이 (동내 同奈 Đồng Nai) – 비엔호아(변화 邊和 Biên Hòa)
- 떠이닌(서녕 西寧 Tây Ninh)
- 바리어붕따우(婆地-溔艚 or 巴地-頭頓 Bà Rịa-Vũng Tàu) – 바리어
- 호찌민시(호지명 胡志明 Hồ Chí Minh)

8. 동방송끄우롱(메콩강 삼각주 Đồng bằng sông Cửu Long) 13성 (동방은 평원의 뜻이라는 걸 이미 공부했고 쏭은 강, 끄우롱은 메콩강의 줄기가 9마리의 용을 닮았다고 해서 베트남에서는 구룡강 즉 송 끄우롱 이라고 부른다)

- 롱안(룡안 隆安 Long An) – 떤안(신안 新安 Tân An)
- 띠엔쟝(전강 前江 Tiền Giang) – 미토(미추 美湫 Mỹ Tho)
- 벤쩨(빈지 檳椥 Bến Tre)
- 빈롱(영륭 永隆=永龍 Vĩnh Long)
- 짜빈(차영 茶榮 Trà Vinh)
- 동탑(동탑 銅塔 Đồng Tháp) – 까오란(고령 高嶺 Cao Lãnh 남부식으로 는 까오랑)
- 허우쟝(후강 後江. Hậu Giang) – 비탄(위청 渭清 Vị Thanh)
- 속짱(삭장 朔莊 Sóc Trăng)
- 안쟝(안강 安江 An Giang) – 롱쑤옌(룡천 龍川 Long Xuyên)
- 끼엔쟝(견강 堅江 Kiên Giang) – 락자(력가 瀝架 Rạch Giá)
- 박리에우(박료 薄遼 Bạc Liêu)
- 까마우(금구 金歐 Cà Mau)
- 껀터시(근저 芹苴 Cần Thơ)

베트남의 지역 구분

베트남 개관

베트남의 국호는 '꽁화사호이쭈응여베트남'(공화사회주의베트남 共和
社會主義越南 Cộng hòa xã hội chủ nghĩa Việt Nam)이다. 우리말로
고쳐 쓰면 베트남사회주의공화국(越南社會主義共和國)이다. 과거에는
'월남'이라고 많이 불렀지만 '베트남'이 통일된 이후부터는 '베트남'이 더
많이 쓰여 지금은 '베트남'이 대세가 됐다.

자세히 살펴보자. 베트남어 어순대로 한자를 적으면 공화사회주의월
남(共和社會主義越南)이다. 베트남어는 피수식어가 수식어 앞에 놓이므
로 '사회주의'나 '월남'보다 공화국이라는 '공화'가 맨 앞에 온다.

베트남 국기인 금성홍기

금성홍기의 다른 이름은 황성적기다. 붉은 바탕에 가운데 노란 별이
배치돼 있다. 이 깃발이 베트남의 국기로 정해진 것은 1941년 5월 베트남
북부 '까오방'(고평 高平 Cao Bằng) 성 '박보' 마을에서 열린 인도차이나
공산당 제8차 확대중앙위원회의에서 결정됐다. 이 회의에서 베트남 독립
동맹도 창설됐다. 쉽게 '베트민' 또는 '월맹'으로 부르는 조직이다. 바탕
의 빨강은 혁명의 피를 상징하며 금색별의 다섯 모서리는 각각 노동자와
농민, 지식인, 청년, 군인을 가리킨다. (박순교, 위키백과, 종합)

베트남 국장에는 별과 주위를 둘러싼 벼가 눈에 띈다. 아래에는 '꽁화 사호이 쭈응여 베트남'이라고 쓰여 있다. 우리말로는 베트남 사회주의 공화국이라는 뜻이다.

베트남은 사회주의 공화국을 표방하고 있는 일당체제 국가이다. 그 중심과 정점에 공산당이 있다. 베트남의 국장 중심에 있는 금색별도 공산당을 가리킨다. 콥니바퀴와 벼이삭은 노동자와 농민을 뜻한다. 공산당은 정부보다 상위 개념이다. 통치 이념과 국가 발전 방향을 공산당이 설정하면 정부가 이를 수행하는 형식이다.

국가 최고지도자는 공산당 정치국원 19명이다. 이들 가운데 공산당 서기장이 1위, 국가 주석이 2위, 내각 총리가 3위, 국회의장이 4위로 이들 4명이 국가 중대사를 결정하는 위치에 있다.

베트남은 5년마다 공산당 전당대회를 열어 새 지도부를 선출한다. 500만 가까이 되는 공산당원을 대표하여 전국에서 1천 500여명의 대의원이 참석하는 전당대회에서 200명의 중앙집행위원을 선출하고 중앙집행위원은 19명의 정치국원을 선출한다. 최고위직 4명은 전당대회가 열리기 훨씬 이전부터 막후에서 치열한 경쟁과 협상과 타협을 통해 결정되고 전당대회에서 승인받게 된다.

공산당 서기장, 국가 주석, 내각 총리, 국회의장, 국방장관, 공안장관,

공산당 조직위원장, 선전위원장, '하노이' 당서기, '호찌민' 당서기 등은 당연직으로 정치국원을 겸하게 된다. 정치국원은 연령 제한도 있다. 첫 진출 시에는 60세 이하여야 하고 두 번째는 65세 이하여야 한다. 국회는 선거에서 선출된 500명의 국회의원들로 구성된다. 한 선거구에서 3~5명의 국회의원을 선출하는 중선거구제를 채택하고 있다.

베트남 행정부는 베트남의 국가 집행 기관이며, 정부의 구성원은 베트남 국회에 의해 선출된다.

베트남 헌법 제97조는 "정부의 임기는 국회 임기(5년)를 따른다. 국회가 만료되면 정부는 첫 국회가 정부를 시작할 때까지 그 임무를 계속 수행한다"고 돼 있다.

헌법 제95조 1항은 "정부는 수상, 부수상, 부급 기관의 부장과 차장으로 구성되어 있다. 정부 성원의 수와 구성은 국회가 결정한다. 정부는 집단 제도로 일하고, 다수결로 결정한다"고 규정하고 있다.

또한 정부는 대통령과 국회의 감독을 받는다. 정부는 그 책임을 수행하며 대통령, 국회 및 국회 상임위원회에 그 업무를 보고한다.(위키백과, 베트남견문록, 기타 종합)

베트남의 역대 최고 지도부

1975년 4월 30일 베트남 통일이 이뤄진 후 1976년에는 통일 베트남이 베트남사회주의공화국으로 정식 출범한다. '호찌민'의 유지에 따라 집단지도체제를 채택하고 있다.

월맹은 1969년 '호찌민'이 세상을 떠난 뒤 '쯔엉찐'(장정 長征 Trường Chinh) 국민의회 상임위 주석, '레주언'(려순 黎笋 Lê Duẩn) 베트남 공산당 제1서기, '팜반동'(범문동 范文同 Phạm Văn Đồng) 총리 등 3인을 중심으로 집단지도 체제를 채택했다. 월맹은 1975년 월남을 패망시

킨 뒤 1여 년간의 남북통일 준비작업을 끝내고 1976년 4월 25일 국가최고 권력기구인 492석의 남북단일 '국민의회'를 구성하기 위한 총선거를 실시했다.

이 선거로 인구 10만 명당 1석을 기준으로 하는 배분원칙에 따라 북베트남에서 249석, 남베트남에서 243석을 선출했다.

총선거를 통해 구성된 남북단일 국민의회는 1976년 7월 역사적인 통일 베트남 수립을 선포하고 국호를 '베트남사회주의공화국'으로 하였다. 수도는 '하노이'로 정하는 한편 초대 주석으로 구 월맹의 마지막 주석 '똔득탕'(손덕승 孫德勝 Tôn Đức Thắng)을 선출하였다. 또한 월남 수도 '사이공'을 '호찌민'시로 개칭하고 국기는 종래의 월맹기였던 금성홍기(金星紅旗)를 그대로 쓰기로 하였다.

1976년 베트남사회주의공화국 출범 이후 베트남의 최고 지도자들은 다음과 같다. 이들의 이름 역시 모두 한자다. 여기서는 공산당내 서열 1위의 베트남공산당 서기장, 베트남사회주의공화국 국가주석, 총리 등 세 자리를 거쳐 간 인물들을 살펴본다. 이 사람들 가운데 '길 이름'이 된 사람들이 적지 않다. 베트남 현대사의 영웅 대접을 받는 인물들이다. (위키백과, 베트남견문록, 종합)

서기장

베트남이 흔히들 집단지도체제라고는 하지만 그중에서도 서기장은 공산당 서열에서는 주석이나 총리보다 앞서는 1위다. 통일 이전에는 1956년까지 '쯔엉찐'(장정 長征. Trường Chinh), 60년까지는 '호찌민', 76년까지 '레주언'(려순. 黎筍. Lê Duẩn)의 순으로 공산당 제1비서를 맡았다. 총비서라고도 한다.

1. 레주언(려순 黎笋 Lê Duẩn): 1976~1986

2. 쯔엉찐(장정 長征 Trường Chinh): 1986~1986

3. 응웬반린(완문령 阮文靈 Nguyễn Văn Linh): 1986~1991

4. 도므어이(두매 杜梅 Đỗ Mười): 1991~1997

5. 레카피에우(려가표 黎可漂 Lê Khả Phiêu): 1997~2001

7. 응웬푸쫑 (완부중 阮富仲 Nguyễn Phú Trọng): 2011~

주석

서열 2위의 자리다. 대외적으로 국가를 대표하는 업무를 맡는다.

호찌민 주석이 1945년 9월부터 맡아오던 주석직은 1969년 그가 사망함과 동시에 '똔득탕'(손덕승. 孫德勝. Tôn Đức Thắng)에게로 넘어간다. '똔득탕'은 1975년 통일 이후, 초대 통일 베트남의 주석직도 맡아 1980년까지 재임했다.

1. 똔득탕(손덕승 孫德勝 Tôn Đức Thắng): 1976~1980.

2. 응웬흐우토(완우수 阮友壽 Nguyễn Hữu Thọ): 1980~1981.

3. 쯔엉찐(장정 長征 Trường Chinh): 1981~1987.

4. 보찌꽁(무지공 武志公 Võ Chí Công): 1987~1992

5. 레득안(려덕영 黎德英 Lê Đức Anh): 1992~1997

6. 쩐득르엉(진덕량 陳德良 Trần Đức Lương): 1997~2006

7. 응웬민찌엣(완명철 阮明哲 Nguyễn Minh Triết): 2006~2011

8. 쯔엉떤상(장진창 張晉創 Trương Tấn Sang): 2011~2016

9. 쩐다이꽝(진대광 陳大光 Trần Đại Quang): 2016~2018

10. 응웬푸쫑(완부중 阮富仲 Nguyễn Phú Trọng): 2018~2021

11. 응웬쑤언푹(완춘복 阮春福 Nguyễn Xuân Phúc): 2021~2023

12. 보반트엉(무문상 武文賞 Võ Văn Thưởng): 2023~

총리

경제와 내정을 총괄하는 자리다. 서열 3위다. 내각의 수반이다.

1. 팜반동(범문동 范文同 Phạm Văn Đồng): 1955~1987

2. 팜훙(범웅 范雄 Phạm Hùng): 1987~1988

3. 보반끼엣(무문걸 武文杰 Võ Văn Kiệt): 1988~1988

4. 도므어이(杜梅 Đỗ Mười): 1988~1991

5. 보반끼엣(무문걸 武文杰 Võ Văn Kiệt): 1991~1997

6. 판반카이(반문개 潘文凯 Phan Văn Khải): 1997~2006

7. 응웬떤중(완진용 阮晋勇 Nguyễn Tấn Dũng): 2006~2015

8. 응웬쑤언푹(완춘복 阮春福 Nguyễn Xuân Phúc): 2016~2021

9. 팜민찐(Phạm Minh Chính): 2021~

국립국어원 제정 베트남어의 한글표기법

자모	한글	보기
b	ㅂ	Bảo 바오, bo 보
c, k, q	ㄲㄱ	cao 까오, khác 칵, kiệt 끼엣, lăk 락, quan 꽌
ch	ㅉㄱ	cha 짜, bách 박
d, gi	ㅈ	dục 죽, Dương 즈엉, gia 자, giấy 저이
đ	ㄷ	đan 단, Đinh 딘
g, gh	ㄱ	gai 가이, gò 고, ghe 개, ghi 기
h	ㅎ	hai 하이, hoa 호아
kh	ㅋ	Khai 카이, khi 키
l	ㄹ	lâu 러우, long 롱, Mỹ Lai 밀라이
m	ㅁ	minh 민, mắm 맘, tômtôm 똠
n	ㄴ	Nam 남, nón 논, bún 분
ng, ngh	응	Ngô 응오, ang 앙, đông 동, nghi 응이, nghệ 응에
nh	니	nhật 녓, nhơn 년, minh 민, anh 아인
p	ㅃㅂ	pô 뽀, chạp 짭
ph	ㅍ	Phạm 팜, phở 퍼
r	ㄹ	rang 랑, rồi 로이
s	ㅅ	sang 상, số 소
t	ㄸ	tăm 땀, tết 뗏, hát 핫
th	ㅌ	thảo 타오, thu 투
tr	ㅉ	Trần 쩐, tre 째
v	ㅂ	vai 바이, vu 부
x	ㅆ	xanh 싸인, xèo 쌔오

모음	한글	보기
a	아	an 안, nam 남
ă	아	ăn 안, Đăng 당, mắc 막
â	어	ân 언, cân 껀, lâu 러우
e	애	emem 앰, chèo 째오
ê	에	êm 엠, chê 쩨, Huế 후에
i	이	in 인, dài 자이
y	이	yên 옌, quy 꾸이
o	오	ong 옹, bô 보
ô	오	ôm 옴, đông 동
ơ	어	ơn 언, sơn 선, mới 머이
u	우	um 움, cung 꿍
ư	으	ưn 은, tư 뜨

이중 모음	한글	보기
ia	이어	kia 끼어, Rịa 리어
iê	이에	chiêng 찌엥, diêm 지엠
ua	우어	lụa 루어, mua 무어
uô	우오	buôn 부온, quốc 꾸옥
ưa	으어	cửa 끄어, mưa 므어, sữa 스어
ươ	으어	rượu 르어우, phương 프엉